westermann

Heike Schnurr

Herausgeber: Wassilios E. Fthenakis

Aufsichtspflicht in der Kita

Fragen und Antworten

2. Auflage

Bestellnummer 12801

Die in diesem Produkt gemachten Angaben zu Unternehmen (Namen, Internet- und E-Mail-Adressen, Handelsregistereintragungen, Bankverbindungen, Steuer-, Telefon- und Faxnummern und alle weiteren Angaben) sind i. d. R. fiktiv, d. h., sie stehen in keinem Zusammenhang mit einem real existierenden Unternehmen in der dargestellten oder einer ähnlichen Form. Dies gilt auch für alle Kunden, Lieferanten und sonstigen Geschäftspartner der Unternehmen wie z. B. Kreditinstitute, Versicherungsunternehmen und andere Dienstleistungsunternehmen. Ausschließlich zum Zwecke der Authentizität werden die Namen real existierender Unternehmen und z. B. im Fall von Kreditinstituten auch deren IBANs und BICs verwendet. Dieses Buch ist sorgfältig erstellt worden. Dennoch kann insbesondere angesichts ständig neuer Rechtsprechung und laufender Gesetzesänderungen keine Garantie für die Richtigkeit aller Informationen gegeben werden. Die Falllösugen sind Lösungsansätze und erheben keinen Anspruch auf Vollständigkeit. Dieses Buch kann keine anwaltliche Beratung im Einzelfall ersetzen. Weder Autorin noch Verlag können dehalb für enventuelle Schäden, die aus den im Buch gegebenen Hinweise hervorgehen können, eine Haftung übernehmen.

Druck und Bindung: Westermann Druck GmbH, Georg-Westermann-Allee 66, 38104 Braunschweig

ISBN 978-3-427-12801-4

VORWORT

Jeden Tag müssen Sie als pädagogische Fachkraft in der Kita in unterschiedlichsten Situationen entscheiden, was Sie Kindern erlauben dürfen und was Sie verbieten müssen. Ich habe in der Praxis den Eindruck gewonnen, dass pädagogische Fachkräfte, die sich in rechtlichen Fragen unsicher fühlen, weit mehr verbieten, als sinnvoll wäre. Beispielsweise durften Kinder in einer Kita teuer angeschaffte Werkbänke nicht benutzen, weil die Leitung Angst vor einer möglichen Aufsichtspflichtverletzung hatte, in anderen Kitas gibt es ein generelles Verbot auf Bäume zu klettern oder in der Kita zu rennen. Rennen, Klettern, Grenzen überwinden und Neues auszuprobieren, sind jedoch zentral für eine gesunde Entwicklung von Kindern.

Dieses Buch soll Ihnen anhand konkreter Beispiele aus der Praxis Antworten auf die Fragen geben, was Sie erlauben dürfen und was Sie verbieten sollten, um rechtlich auf der sicheren Seite zu sein.

Das ein oder andere Beispiel wird Ihnen vielleicht bekannt vorkommen, weil Sie es so oder ähnlich bereits selbst erlebt haben.

Je sicherer Sie sich in aufsichtsrechtlichen Fragen auskennen, desto freier können Sie innerhalb der rechtlich vorgegebenen Grenzen agieren und umso mehr können Sie den Ihnen anvertrauten Kindern erlauben.

Fundierte Kenntnisse im Aufsichtsrecht erleichtern es Ihnen, überfürsorglichen Eltern kompetent zu erklären, warum es nicht nur aus pädagogischen Gründen unsinnig, sondern auch rechtlich nicht geboten ist, jede mögliche Gefahrensituation zu verbieten.

Ich wünsche Ihnen viel Freude beim Lesen dieses Buches!

Ihre Heike Schnurr

VORWORT

Die Autorin

Heike Schnurr (Jahrgang 1967) ist Volljuristin und hat nach ihrem zweiten juristischen Staatsexamen in einer Anwaltskanzlei mit dem Schwerpunkt Sozialrecht gearbeitet. In der Zeit der Betreuung ihrer drei Kinder hat sie an der Fernuniversität Hagen ein Studium der Pädagogik mit Nebenfach Psychologie abgeschlossen. Sie unterrichtet Recht und Pädagogik an der Fachschule für Sozialpädagogik, Marienschule Limburg, und ist Fachbuchautorin und Fortbildnerin für pädagogische Fachkräfte und Kita-Leitungen.
Durch die Betreuung der Studierenden während deren Praktika und durch ihre über 25-jährige ehrenamtliche Tätigkeit in der Kinder- und Jugendarbeit der evangelischen Kirche konnte die Autorin vielfältige praktische Erfahrungen in unterschiedlichen Kitas sammeln, die in Fallbeispiele dieses Buches einfließen.

INHALT

INHALT

INHALT

EIGENE NOTIZEN

1 Wer ist zur Aufsicht verpflichtet?

Im ersten Kapitel dieses Buches geht es um die Klärung des Begriffs „Aufsichtspflicht“. Jeder kennt ihn, aber was genau versteht man darunter?

Und haben auch Praktikantinnen und Praktikanten eine Aufsichtspflicht? Darüber hinaus wird auf die Frage eingegangen, ob pädagogische Fachkräfte nur die Kinder der eigenen Gruppe oder alle Kinder der Kita beaufsichtigen müssen. Und wer hat eigentlich die Aufsicht, wenn ehemalige Kita-Kinder oder Freunde zu Besuch in die Kita kommen?

1. Aufsichtspflicht – was ist das?

FALLBEISPIEL

In der Kita Rumpelpumpel basteln die Kinder ihre Schultüten. Als die Erzieherin Ute[1] die Kinder allein lässt, um im Materialraum weiteres Material zum Basteln zu holen, kommt es zwischen den Kindern zum Streit um die Heißklebepistole. Amelie versucht, Finn die Heißklebepistole zu entwenden. Dabei beschädigt sie mit dem heißen Klebstoff ihre und Finns Kleidung.

Hat die Erzieherin ihre Aufsichtspflicht verletzt?

DEFINITION: AUFSICHTSPFLICHT

Unter dem Begriff „Aufsichtspflicht" versteht man die Pflicht, darauf zu achten, dass derjenige, den man beaufsichtigt,

- **sich nicht selbst schädigt,**
- **andere nicht schädigt und**
- **von anderen nicht geschädigt wird.**

Im Ergebnis lässt sich die Aufsichtspflicht umschreiben als **Schadensvermeidungspflicht**.

FAZIT

Als die Erzieherin Ute die Kinder mit der noch heißen Heißklebepistole allein ließ, hat sie ihre Aufsichtspflicht verletzt. Sie hätte darauf achten müssen, dass

- Amelie ihre Kleidung nicht beschädigt,
- Amelie Finns Kleidung nicht beschädigt und
- dass Amelie nicht von Finn verletzt wird.

---

1 *Aus Gründen der sprachlichen Vereinfachung wird vorrangig die weibliche Form verwendet. Selbstverständlich sind damit Personen jeglichen Geschlechts gemeint.*

2. Aufsichtspflicht in Kitas – wer muss beaufsichtigt werden?

FALLBEISPIEL

Alex ist Erzieher in der Wichtelgruppe. Als er über den Hauptflur der Kita in seine Gruppe geht, sieht er, wie sich zwei Kinder der Bärengruppe im Flur um eine Schere streiten. Da Alex die Kinder aus der Bärengruppe nicht gut kennt, mischt er sich nicht ein, sondern ruft nur seiner Kollegin in der Bärengruppe zu, sie solle sich mal um ihre Kinder kümmern.

Hat Alex eine Aufsichtspflicht auch gegenüber den gruppenfremden Kindern?

Die Aufsichtspflicht für die Kinder wird in Kitas durch **Abschluss des Arbeitsvertrages** vom Träger auf die pädagogischen Fachkräfte übertragen, und zwar selbst dann, wenn im Arbeitsvertrag die Aufsichtspflicht nicht ausdrücklich erwähnt wird.

Grundsätzlich ist davon auszugehen, dass sich die Aufsichtspflicht pädagogischer Fachkräfte nicht nur auf die Kinder der eigenen Gruppe, sondern auf alle Kinder der Einrichtung erstreckt. Etwas anderes gilt nur, wenn durch eine ausdrückliche Vereinbarung oder eine Dienstanweisung eine abweichende Regelung getroffen wurde.

FAZIT

Erzieher Alex hat im Beispielsfall die Aufsichtspflicht auch für die gruppenfremden Kinder und ist verpflichtet, einzugreifen.

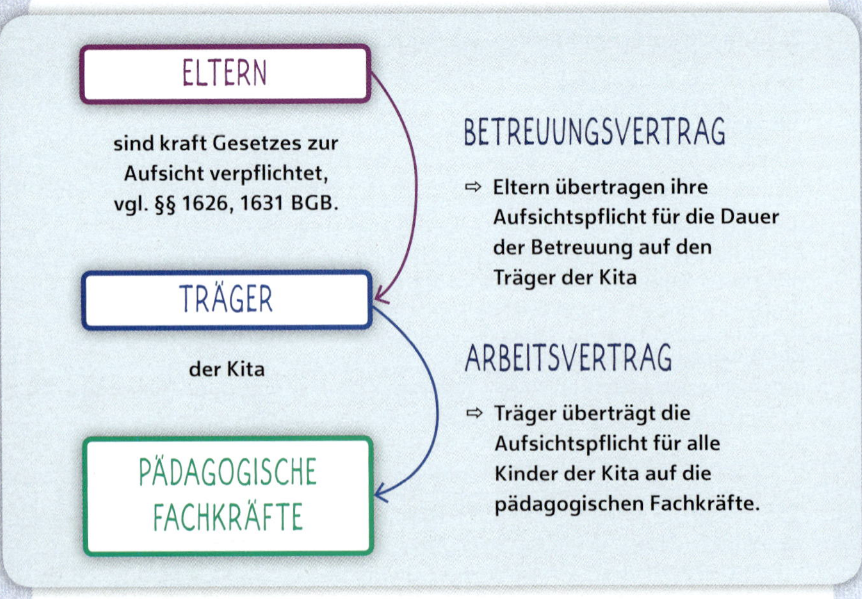

➡ **Vertiefungshinweis:**
Schnurr: Sicher im Recht – Kompetent in der Praxis, S. 24-30.

3. Besuchskinder – wer hat die Aufsichtspflicht?

FALLBEISPIEL

In der Kita „Arche" ist es erlaubt, dass ehemalige Kindergartenkinder in den Schulferien zu Besuch in die Kita kommen, wenn sie dies in der Kita vorher ankündigen. Haben die pädagogischen Fachkräfte eine Aufsichtspflicht für die Besuchskinder?

Bestehen rechtliche Bedenken, wenn Kinder Besuchskinder in die Kita mitbringen?

Pädagogische Fachkräfte, die in einer Kita arbeiten, haben auch für Besuchskinder eine Aufsichtspflicht, wenn sie diese in der Einrichtung willkommen heißen. Die Aufsichtspflicht kann nicht nur durch einen **schriftlich abgeschlossenen Vertrag** übernommen werden, sondern auch durch eine mündliche Vereinbarung oder auch **konkludent**.

DEFINITION: KONKLUDENTE ÜBERNAHME DER AUFSICHT

Eine konkludente Übernahme der Aufsicht bedeutet, dass eine Person durch schlüssiges Verhalten zum Ausdruck bringt, die Aufsicht für das Kind übernehmen zu wollen.

Wenn pädagogische Fachkräfte Kinder in der Kita für die Dauer des Besuches aufnehmen, bringen sie damit konkludent durch schlüssiges Verhalten zum Ausdruck, dass sie auch die **Aufsichtspflicht für die Besuchskinder** übernehmen.

Nach der Rechtsprechung liegt eine vertragliche Aufsichtspflicht immer dann vor, wenn die Aufsicht tatsächlich übernommen wurde und sich das Kind in „weitreichender Obhut von längerer Dauer und weitgehender Einwirkungsmöglichkeit“ befindet (BGH, NJW 1968, 1874).

Kinder, die sich in der Kita nur als Besuchs- oder Schnupperkind gastweise aufhalten, sind durch die **gesetzliche Unfallversicherung** ebenso versichert wie Kinder, die durch einen wirksamen Betreuungsvertrag in der Kita aufgenommen wurden (vgl. Aufsichtspflicht, LWL-Landesjugendamt Westfalen/LVR-Landesjugendamt Rheinland, 2013, S. 36).

FAZIT

Aus rechtlicher Sicht ist es grundsätzlich unbedenklich, wenn Besuchskinder in die Kita kommen, vorausgesetzt die Fachkräfte haben ausreichend Kapazitäten frei, um die Besuchskinder ordnungsgemäß zu beaufsichtigen.

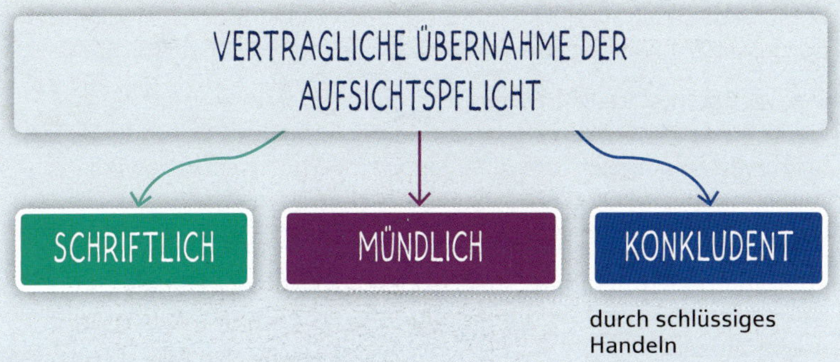

4. Haben auch Auszubildende im Praktikum eine Aufsichtspflicht?

FALLBEISPIEL

Pia absolviert während ihrer Berufsausbildung zur Erzieherin ein Praktikum in der Kindertagesstätte Flohzirkus. Ihre Anleiterin bittet sie, mit den vier Vorschulkindern auf das Außengelände zu gehen, weil sie selbst mit den Kleineren im Gruppenraum ungestört Sterne ausschneiden möchte.

Können pädagogische Fachkräfte die Aufsichtspflicht auf Praktikantinnen oder Praktikanten übertragen?

Pädagogische Fachkräfte können ihre Aufsichtspflicht, die ihnen kraft des Arbeitsvertrages obliegt, auch auf Praktikantinnen und Praktikanten übertragen. Man spricht dann von einer **Delegation der Aufsichtspflicht**. Eine Delegation der Aufsichtspflicht ist dann rechtlich zulässig, wenn die Praktikantin/der Praktikant

* die nötige Eignung für die übertragene Aufgabe mitbringt,
* hinreichend angeleitet wird und
* wenn sich die Fachkraft versichert, dass die übertragene Aufgabe gewissenhaft übernommen wird (gelegentliche Kontrolle).

Wenn pädagogische Fachkräfte ihre Aufsichtspflicht auf Praktikantinnen oder Praktikanten delegieren, müssen sie im Einzelfall entscheiden, ob die Person für die übertragene Aufgabe die nötige Eignung mitbringt. Bei der Beurteilung der **Eignung** ist nicht nur die Schwierigkeit der übertragenen Aufgabe zu berücksichtigen. Vielmehr sind auch Faktoren wie Zuverlässigkeit, Erfahrung und Ausbildung der Praktikantin oder des Praktikanten zu bedenken. Entscheidend ist auch, wie gut die Person die Kinder bereits kennt, ob sie diese einschätzen kann und ob die Kinder auf sie hören.

Des Weiteren sind die pädagogischen Fachkräfte verpflichtet, während des Praktikums sorgfältig **anzuleiten**, auf Besonderheiten hinzuweisen und sich hin und wieder zu vergewissern, dass die Aufsichtspflicht korrekt erfüllt wird. Nicht erforderlich ist jedoch, dass die Anleitenden ständig anwesend sind.

Wer ein Praktikum in der Kita absolviert, darf und sollte durchaus selbstständig ohne Begleitung angemessene Aufgaben übernehmen können.

FAZIT

Betrachtet man das Fallbeispiel, so ist grundsätzlich nichts dagegen einzuwenden, dass die Erzieherin der Praktikantin Pia die Aufsichtspflicht für die vier Vorschulkinder überträgt. Vorausgesetzt, dies geschieht nicht zu Beginn des Praktikums, sondern erst nachdem die Erzieherin Pia einschätzen kann und Pia die Kinder und die Einrichtung kennengelernt hat. Wenn die Erzieherin Pia die Aufgabe überträgt, mit den Kindern allein für längere Zeit auf das Außengelände zu gehen, so sollte sie allerdings in regelmäßigen Zeitabständen einen Blick nach draußen werfen, um sich zu vergewissern, ob alles in Ordnung ist.

ÜBERTRAGUNG DER AUFSICHTSPFLICHT

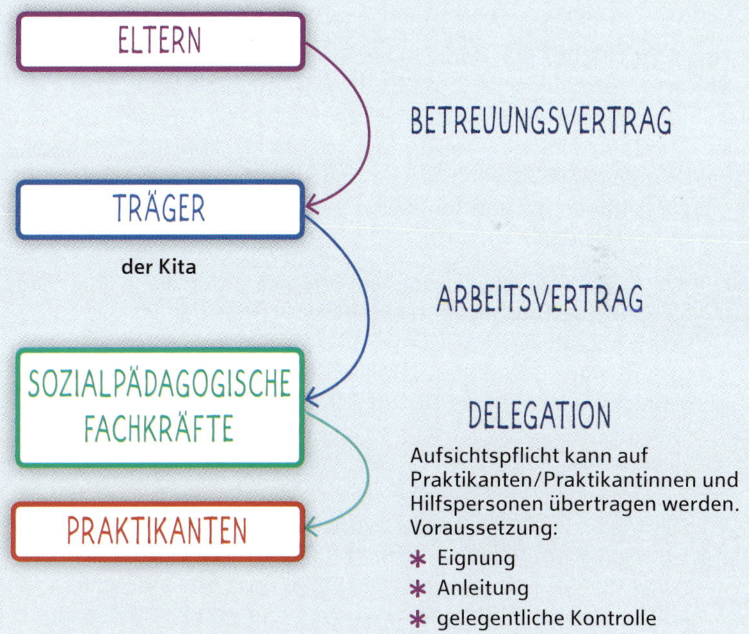

1

5. Wenn eine Praktikantin ihre Aufsichtspflicht verletzt – wer ist verantwortlich?

FALLBEISPIEL

Während die Praktikantin Pia mit den vier Kindern auf dem Außengelände ist, liest sie hochkonzentriert ihre WhatsApp-Nachrichten. Deshalb bemerkt sie nicht, dass der fünfjährige Lukas sein Bobby-Car auf die Rutsche schleppt, um damit herunterzufahren. Lukas bricht sich bei dieser Aktion den Arm.

Wer ist in diesem Fall für die Verletzung der Aufsichtspflicht verantwortlich?

Wurde der Praktikantin die Aufsichtspflicht rechtmäßig delegiert und kommt sie ihrer Aufsichtspflicht nicht nach, liegt eine **Aufsichtspflichtverletzung seitens der Praktikantin** vor (zu den Rechtsfolgen vgl. Kapitel 6, S. 78–80).

Eine Aufsichtspflichtverletzung der Erzieherin kommt nur dann in Betracht, wenn sie einer Praktikantin oder einem Praktikanten eine Aufgabe übertragen hat, die eine Überforderung darstellt oder wenn sie ihrer Informations-, Anleitungs- oder Kontrollpflicht nicht nachgekommen ist. In diesem Fall liegt dann ein sogenanntes **Delegationsverschulden** vor und somit eine Verletzung der Aufsichtspflicht der delegierenden Fachkraft.

Fühlt sich eine Praktikantin oder ein Praktikant durch eine übertragene Aufgabe überfordert, besteht die Pflicht, dies der delegierenden Fachkraft mitzuteilen. Wird diese Mitteilung jedoch versäumt, liegt ein sogenanntes Übernahmeverschulden vor und somit eine Aufsichtspflichtverletzung der Praktikantin oder des Praktikanten.

FAZIT

Im Fallbeispiel liegt eine Aufsichtspflichtverletzung der Praktikantin Pia – und nicht der delegierenden Erzieherin – vor. Die Beaufsichtigung vier normal entwickelter Kita-Kinder ohne besondere Verhaltensauffälligkeiten ist grundsätzlich eine für Praktikantinnen und Praktikanten gut zu bewältigende Aufgabe.

Eine Aufsichtspflichtverletzung seitens der Erzieherin im Wege eines Delegationsverschuldens kann nur angenommen werden, wenn Pia schon öfter dabei aufgefallen ist, wie sie sich lieber mit ihrem

Smartphone als mit den Kindern beschäftigt, oder wenn die Praktikantin schon eine lange Zeit allein mit den Kindern auf dem Außengelände gelassen wurde, ohne dass sich eine pädagogische Fachkraft vergewissert hat, dass sie ihrer Aufgabe auch nachkommt.

6. Haben Eltern oder andere Personen, die pädagogische Fachkräfte ehrenamtlich in der Kita unterstützen, auch eine Aufsichtspflicht?

FALLBEISPIEL

In der Kita Kunterbunt erklären sich zwei Mütter bereit, mit einigen Kindern im Werkraum Laternen zu basteln. Erzieher Ali ist sich unsicher, ob er dies zulassen kann oder ob er während des Bastelangebotes der Mütter dabei sein muss.

Kann die Aufsichtspflicht in diesem Fall delegiert werden?

Für hilfsbereite Eltern, Lesepatinnen/-paten und sonstige Ehrenamtliche in der Kita gelten hinsichtlich der Aufsichtspflicht die gleichen Grundsätze wie bei Praktikumsabsolvierenden. Erzieherinnen und Erzieher dürfen die Aufsichtspflicht auf sogenannte **Hilfspersonen** delegieren, soweit diese die erforderliche Eignung für die übertragene Aufgabe mitbringen. Auch hier muss sich die delegierende Fachkraft gelegentlich vergewissern, dass die Hilfsperson die übernommene Aufgabe gewissenhaft übernimmt.

FAZIT

Ali kann die Mütter im Werkraum auch allein mit den Kindern die Laternen basteln lassen und seine Aufsichtspflicht auf die Mütter übertragen, sofern Ali den Müttern diese Aufgabe zutraut (Eignung der Personen) und sich in Abständen vergewissert, dass die Mütter mit der Aufgabe gut zurechtkommen (Überwachung). Die Gruppe der Kinder darf deshalb nicht zu groß sein, und es sollten nicht besonders schwierige Kinder dabei sein. Ali sollte mit den Müttern auch vorab das geplante Bastelangebot durchsprechen, um mit ihnen gemeinsam den Umgang mit möglichen Gefahren, etwa mit der Heißklebepistole, durchdenken zu können.

EIGENE NOTIZEN

2 Beginn und Ende der Aufsichtspflicht

Wenn die Kinder am Morgen in die Kita gebracht oder nachmittags abgeholt werden, gestaltet sich diese Bring- und Abholsituation oft sehr unübersichtlich. Eltern kommen und gehen, lassen vielleicht die Tür offen stehen und suchen gerne noch ein Gespräch mit den Erzieherinnen und Erziehern.
Dieses Kapitel befasst sich damit, wann die Aufsichtspflicht bei den pädagogischen Fachkräften und wann sie bei den Eltern liegt und welche Besonderheiten bei Kindern zu beachten sind, die mit dem Bus in die Kita kommen. Und wie sollte man sich verhalten, wenn die abholberechtigte Person angetrunken ist oder ein Kind nicht oder viel zu spät abgeholt wird?

2

1. Wann beginnt die Aufsichtspflicht der Kita?

FALLBEISPIEL

Leo wird morgens von seinem Vater in die Kita gebracht. An der Eingangstür verabschiedet sich der Vater von Leo. Leo geht allerdings daraufhin nicht in seine Gruppe, sondern unbemerkt in den Mitarbeiterraum, um dort in Ruhe allein spielen zu können. Erst nach einer halben Stunde wird Leo zufällig von einer Erzieherin hier entdeckt, während er gerade versucht, mit den dort liegenden Streichhölzern die Kerze des Tischgestecks anzuzünden.

Hatte die Kita bereits die Aufsichtspflicht für Leo oder hätte der Vater Leo in die Gruppe bringen müssen?

BEGINN DER AUFSICHTSPFLICHT

Grundsätzlich beginnt die Aufsichtspflicht der Kita, sobald die Kinder die Einrichtung zu Beginn der Öffnungszeiten betreten.

- Eltern dürfen damit rechnen, dass ihr Kind, sobald es die Kita betritt, auch beaufsichtigt wird. Die Kita muss deshalb organisatorisch sicherstellen, dass Kinder, die in die Einrichtung kommen, in Empfang genommen werden.
- Etwas anderes gilt, wenn im Betreuungsvertrag, der Kindergartenordnung oder anderweitig mit den Sorgeberechtigten vereinbart wurde, dass die Aufsichtspflicht erst zu einem späteren Zeitpunkt auf die Kita übergeht.

MERKSATZ

In sehr großen und baulich unübersichtlichen Kitas kann es sehr sinnvoll sein, im Betreuungsvertrag festzulegen, dass Kinder in die Gruppe gebracht oder einer pädagogischen Fachkraft übergeben werden sollen.

Auch wenn die Aufsichtspflicht normalerweise auf die pädagogischen Fachkräfte übergeht, sobald das Kind die Einrichtung betritt, gibt es hiervon Ausnahmen. Wenn Eltern nach den Umständen des Einzelfalles nicht damit rechnen können, dass die pädagogischen Fachkräfte die Aufsichtspflicht übernehmen, verbleibt die Aufsichtspflicht bei den Eltern, bis sie das Kind einer Fachkraft ordnungsgemäß übergeben haben. Dies wäre beispielsweise dann der Fall, wenn das Kind morgens zu spät in die Einrichtung kommt, und der Eingangsbereich, in dem die Kinder in Empfang genommen werden, zu dieser Zeit üblicherweise nicht mehr besetzt ist.

FAZIT

Im Fallbeispiel liegt die Aufsichtspflicht für Leo, während er im Mitarbeiterraum spielt, bei der Kita, auch wenn die Erzieherinnen und Erzieher gar nicht bemerkt haben, dass Leo von seinem Vater in die Kita gebracht wurde. Hätte Leo mit den Streichhölzern einen Schaden angerichtet, wäre die Kita hierfür verantwortlich.

Anders wäre der Sachverhalt nur zu beurteilen, wenn beispielsweise im Betreuungsvertrag festgelegt worden wäre, dass die Kinder in die Gruppe gebracht oder pädagogischen Fachkräften übergeben werden müssen. In diesem Fall wäre die Aufsichtspflicht noch nicht auf die Kita übergegangen.

Die Aufsichtspflicht wäre auch dann nicht auf die Kita übergegangen, wenn der Vater Leo verspätet und nicht zur üblichen Bringzeit in die Kita gebracht hätte. Denn nach den Umständen des Einzelfalles hätte er nicht davon ausgehen dürfen, dass das Ankommen von Leo bemerkt wird, beispielsweise weil alle Kinder und pädagogischen Fachkräfte bereits beim Morgenkreis versammelt sind.

2

BEGINN DER AUFSICHTSPFLICHT

Die Aufsichtspflicht der Kita beginnt,
sobald das Kind zu Beginn der Öffnungszeiten die Einrichtung betritt.

Ausnahmen:

* Abweichende Vereinbarung zwischen Erziehungsberechtigten und Kita.

BEISPIEL

Vereinbarung im Betreuungsvertrag, dass Kinder pädagogischen Fachkräften übergeben werden müssen.

* Nach den konkreten Umständen des Einzelfalles kann nicht damit gerechnet werden, dass die Aufsichtspflicht von den Fachkräften der Kita übernommen wird.

BEISPIEL

Kinder werden nur bis zum Eingang der Kita gebracht, zu einer Zeit, zu der sich regelmäßig bereits alle Kinder und Erzieherinnen/Erzieher in den Gruppenräumen befinden.

→ **Vertiefungshinweis:**
Schnurr: Sicher im Recht – kompetent in der Praxis: S. 46–48.

2. Wann endet die Aufsichtspflicht der Kita?

FALLBEISPIEL

Die Kinder der Kita Regenbogen spielen zur Abholzeit auf dem Außengelände. Als Lucas Mutter auf das Außengelände kommt, winkt Luca seiner Mutter kurz zu, spielt dann aber mit den anderen Kindern weiter Fangen. Da ihr Sohn noch beim Spielen ist, nutzt die Mutter die Zeit, um mit einer Erzieherin über die Organisation des Kleiderbasars zu sprechen. Mutter und Erzieherin bemerken nicht, dass Luca durch das Gartentürchen auf die Straße gerannt ist.

Lag die Aufsichtspflicht für Luca bei der Mutter oder bei der Erzieherin?

MERKSATZ

Die Aufsichtspflicht pädagogischer Fachkräfte endet, sobald das Kind die Kita vereinbarungsgemäß verlassen hat oder die Aufsichtspflicht an die abholberechtigte Person ordnungsgemäß übergeben wurde.

Von einer **ordnungsgemäßen Übergabe** kann man ausgehen, wenn sich die pädagogische Fachkraft vom Kind verabschiedet hat und die abholende Person das Kind in Empfang genommen hat.

In Empfang wurde das Kind von der abholberechtigten Person jedenfalls dann genommen, wenn die abholberechtigte Person das Kind nicht nur begrüßt hat, sondern sich das Kind auch wenigstens eine Zeit lang in die räumliche Nähe der abholberechtigten Person begeben hat.

Die Aufsichtspflicht ist von der Kita auf die abholberechtigte Person übergegangen, wenn

* das Kind sich von der pädagogischen Fachkraft verabschiedet hat und
* von der abholberechtigten Person in Empfang genommen wird, d. h.,
  - von der abholberechtigten Person begrüßt wurde und
  - sich eine Zeit lang in die räumliche Nähe der abholberechtigten Person begeben hat.

Da es in der Praxis die Ausnahme sein dürfte, dass sich Kinder von sich aus in der Abholsituation regelmäßig verabschieden, ist es empfehlenswert, dass die Kita mit den Kindern ein Verabschiedungsritual einübt, wie beispielsweise ein freundliches Abschlagen der Hand. Dieses Abschiedsritual übt mit Kindern nicht nur die Grundregeln der Höflichkeit ein, sondern schafft für die Erzieherinnen auch Rechtsicherheit.

FAZIT

Im Fallbeispiel lag die Aufsichtspflicht noch bei der Kita. Durch das kurze Winken von Luca ist die Aufsichtspflicht noch nicht auf Lucas Mutter übergegangen. Hierfür wäre erforderlich gewesen, dass sich Luca wenigstens für kurze Zeit zu seiner Mutter gesellt und der Erzieherin deutlich gemacht hätte, dass er jetzt nach Hause geht.

Die Aufsichtspflicht wurde von der Erzieherin verletzt, denn das Gartentürchen hätte beaufsichtigt werden müssen, sodass Kinder nicht auf die Straße laufen können.

3. Eltern verweilen beim Abholen in der Kita – Wer hat die Aufsichtspflicht?

FALLBEISPIEL

Die Kinder der Kita Regenbogen spielen zur Abholzeit auf dem Außengelände. Als Tims Mutter auf das Außengelände kommt, holt Tim seine Kita-Tasche, verabschiedet sich bei seiner Erzieherin und läuft zu seiner Mutter, um sie zu begrüßen. Tim bleibt mit seiner Mutter noch etwas in der Einrichtung, weil er ihr sein Portfolio zeigen möchte. Als seine Mutter mit einer befreundeten Mutter ins Gespräch kommt, wird Tim ungeduldig und läuft unbemerkt nach draußen.

Wer hatte die Aufsichtspflicht für Tim? Die Mutter oder die Kita?

Wenn wie im Fallbeispiel in der Abholsituation die Aufsichtspflicht auf die abholberechtigte Person übergegangen ist – Tim hatte sich verabschiedet und wurde von der abholberechtigten Person in Empfang genommen –, bleibt die Aufsichtspflicht bei der abholberechtigten Person, und zwar auch dann, wenn diese mit dem Kind noch einige Zeit in der Einrichtung bleibt.

FAZIT

Im Fallbeispiel liegt eine Aufsichtspflichtverletzung der Mutter vor. Die Mutter hätte darauf achten müssen, dass Tim nicht unbemerkt nach draußen läuft. Allein dadurch, dass die Mutter, nachdem sie Tim abgeholt hat, noch in der Kita verweilt, wird die Aufsichtspflicht nicht wieder auf die Kita übertragen.

ENDE DER AUFSICHTSPFLICHT

Die Aufsichtspflicht der Kita endet, wenn

* das Kind die Kita vereinbarungsgemäß selbstständig verlassen hat oder
* das Kind der abholberechtigten Person ordnungsgemäß übergeben wurde.

4. Wem obliegt die Aufsichtspflicht auf dem Weg zur Kita?

FALLBEISPIEL

Leons Mutter hat es morgens immer eilig und lässt ihren fast fünfjährigen Sohn meistens schon auf dem viel befahrenen Parkplatz der Kita aus dem Auto. Erzieherin Silvia hält dies für unverantwortlich.

Wer ist dafür verantwortlich, wenn Leon etwas passiert?

Der Hinweg zur Kita liegt im ***Verantwortungsbereich der Personensorgeberechtigten,*** denn die Erzieherinnen und Erzieher der Einrichtung haben normalerweise keinerlei Möglichkeit, darauf Einfluss zu nehmen. Die Aufsichtspflicht der Kita beginnt erst dann, wenn die Kinder die Einrichtung zu Öffnungszeiten betreten (s. o.).

FAZIT

Im Fallbeispiel liegt eine Aufsichtspflichtverletzung der Mutter vor. Die pädagogischen Fachkräfte der Kita haben für Leon noch keine Verantwortung, bevor er in der Kita angekommen ist.

➡ **Vertiefungshinweis:**
Schnurr: Sicher im Recht – kompetent in der Praxis, S. 49–53, 238–241.

5. Wem obliegt die Aufsichtspflicht auf dem Nachhauseweg von der Kita?

FALLBEISPIEL

Normalerweise wird der fünfjährige Benny von seiner Mutter in die Kita gebracht und dort auch wieder abgeholt. Als Bennys Mutter in der Kita anruft und darum bittet, Benny ausnahmsweise allein nach Hause gehen zu lassen, weil sie auf der Arbeit aufgehalten worden sei, ist sich die Erzieherin unsicher, wie sie sich verhalten soll.

Wie verhält sich die Erzieherin korrekt?

Wie bereits auf S. 23 dargestellt, endet die Aufsichtspflicht der Kita dann, wenn das Kind der abholberechtigten Person ordnungsgemäß übergeben wurde oder wenn das Kind die Einrichtung vereinbarungsgemäß verlassen hat.

Die Kita ist verpflichtet, klare Absprachen mit den Personensorgeberechtigten zu treffen, ob und von wem das Kind abgeholt wird oder ob das Kind allein nach Hause gehen darf. Unklarheiten dieser Vereinbarung gehen in der Regel zulasten der Kita. Zweckmäßig ist es, bereits im Betreuungsvertrag Abholregelungen aufzunehmen und sogenannte **Abhollisten** zu führen, in denen vermerkt ist, wie und mit wem das Kind nach Hause geht.

Wünschen die Eltern, dass ihr Kind **allein** nach Hause geht, ist grundsätzlich nichts dagegen einzuwenden, es sei denn, die pädagogischen Fachkräfte hielten dies wegen der **Gefährlichkeit des Heimweges** für unverantwortlich.

BEISPIEL

Wenn beispielsweise auf dem Nachhauseweg eine stark befahrene Straße überquert werden muss, wenn ein Unwetter oder starker Sturm droht oder wenn das Kind sich krank fühlt, müssen die pädagogischen Fachkräfte darauf bestehen, dass das Kind abgeholt wird.

Die Erzieherinnen und Erzieher haben eine **Fürsorgepflicht** für die ihnen anvertrauten Kinder. Sie dürfen die Kinder deshalb nicht wider besseres Wissen in eine Gefahr entlassen, auch wenn Eltern dies ausdrücklich wünschen.

FAZIT

Im Fallbeispiel sollte die Mutter aus Beweisgründen ihre Erlaubnis, dass Benny allein nach Hause gehen darf, der Einrichtung schriftlich per E-Mail, SMS oder Fax zukommen lassen. Die Aufsichtspflicht der Kita endet dann, sobald der Junge die Kita verlassen hat. Die Verantwortung für den Nachhauseweg liegt bei Bennys Eltern.
Sind die Fachkräfte der Kita allerdings der Überzeugung, dass es unverantwortlich sei, Benny allein nach Hause gehen zu lassen, sind sie verpflichtet, darauf zu bestehen, dass das Kind abgeholt oder einer befreundeten abholberechtigten Mutter mitgegeben wird.

6. Darf ein Kind von einem Geschwisterkind aus der Kita abgeholt werden?

FALLBEISPIEL

Die Eltern entscheiden, dass die fünfjährige Leah künftig von ihrem achtjährigen Bruder aus der Kita abgeholt werden darf.

Wie sollten sich die Erzieherinnen und Erzieher verhalten?

Wenn die Eltern ihr Kind von einem **Geschwisterkind** aus der Kita abholen lassen möchten, sind die pädagogischen Fachkräfte verpflichtet zu entscheiden, ob dies zu verantworten ist. Aufgrund ihrer Fürsorgepflicht dürfen sie das Kita-Kind dem Geschwisterkind nicht mitgeben, wenn dieses offensichtlich zu jung oder der Nachhauseweg zu gefährlich ist. Pädagogische Fachkräfte dürfen Kinder nicht wider besseres Wissen in eine Gefahr entlassen.
Um den pädagogischen Fachkräften der Kita die Entscheidung, wann sie ein Kind einem Geschwisterkind mitgeben dürfen, abzunehmen, haben manche Träger bereits im Betreuungsvertrag aufgenommen, dass abholberechtigte Geschwisterkinder ein **bestimmtes Alter** (Mindestalter) erreicht haben müssen.

Es ist auch zulässig, dass der Träger der Kita im Betreuungsvertrag eine **Bring- oder Abholpflicht** zur Vertragsbedingung macht.

FAZIT

Sofern im Betreuungsvertrag nicht bereits ein Mindestalter der abholberechtigten Person genannt ist, sollten die Erzieherinnen und Erzieher mit Leahs Eltern vereinbaren, dass ihre Tochter von einer anderen Person abgeholt wird, wenn sie der Auffassung sind, dass der Bruder zu jung oder der Nachhauseweg zu gefährlich ist.

7. Wie sollte man sich verhalten, wenn die abholende Person angetrunken ist?

FALLBEISPIEL

Es kommt immer mal wieder vor, dass der Vater von Anna beim Abholen eine leichte Alkoholfahne hat und angetrunken wirkt.

Wie sollen sich die Erzieherinnen und Erzieher verhalten?

Wirkt die abholberechtigte Person angetrunken oder infolge eines Drogen- oder Tablettenkonsums desorganisiert, dürfen die Erzieherinnen/Erzieher das Kind aufgrund ihrer **Fürsorgepflicht** keinesfalls der abholberechtigten Person mitgeben, insbesondere dann nicht, wenn die abholende Person mit dem Pkw gekommen ist. Wegschauen ist in diesen Fällen keine Option, pädagogische Fachkräfte müssen eingreifen. Es sollte in einem geschützten Raum versucht werden, mit dem angetrunkenen Elternteil eine Lösung zu finden. Vielleicht kann das Kind noch etwas länger in der Kita bleiben und gegebenenfalls von einer anderen Person abgeholt werden. Möglicherweise kann es auch zunächst mit einem befreundeten Kind nach Hause gehen und dort später abgeholt werden.

Handelt es sich nicht um einen einmaligen Ausnahmefall, dass ein Elternteil einen alkoholisierten Eindruck macht, sollte gegebenenfalls das **Jugendamt** informiert werden. Zum weiteren Vorgehen pädagogischer Fachkräfte beim **Verdacht einer möglichen Kindeswohlgefährdung** vgl. im Einzelnen Schnurr: „Sicher im Recht – kompetent in der Praxis“, S. 106–131.

Es sollte unbedingt darauf geachtet werden, jegliche Szene zu vermeiden und sicherzustellen, dass die Kinder von der Konfliktsituation nichts mitbekommen, insbesondere wenn die abholende Person uneinsichtig oder vielleicht sogar aggressiv ist. Das Einschalten der Polizei sollte nur dann erwogen werden, wenn sich die pädagogischen Fachkräfte gar nicht mehr anders zu helfen wissen.

FAZIT

Die Erzieherinnen oder Erzieher sollten Annas Vater erklären, dass sie den Eindruck haben, dass er alkoholisiert sei und dass sie ihm deshalb Anna nicht mitgeben dürfen. Sie sollten zusammen mit dem Vater überlegen, ob Anna von einer anderen Person abgeholt werden oder vielleicht mit einer Freundin mitgehen kann.

➡ **Vertiefungshinweis:**
Zum Vorgehen pädagogischer Fachkräfte beim Verdacht auf eine mögliche Kindeswohlgefährdung: Schnurr: Sicher im Recht – kompetent in der Praxis, S. 106–131.

HIN- UND RÜCKWEG ZUR KITA

HINWEG

↓

Verantwortung liegt ausschließlich bei den Eltern (Personensorgeberechtigten).

RÜCKWEG

↓

Kind verlässt Kita vereinbarungsgemäß.

↓

Verantwortung liegt nicht bei der Kita.

↓

Pädagogische Fachkräfte entlassen Kind wider besseres Wissen in eine Gefahr, z. B. Trunkenheit des Abholers.

↓

Verantwortung liegt (zumindest auch) **bei der Kita.**

8. „Buskinder" – wann beginnt und endet die Aufsichtspflicht?

FALLBEISPIEL

In der Kita Bullerbü werden Kinder aus dem Nachbarort regelmäßig morgens vom Bus in die Kita gebracht und wieder abgeholt. Als der Bus eines Nachmittags zu spät kommt, vertreiben sich einige Kinder die Wartezeit damit, Schneebälle auf die vorbeifahrenden Autos zu werfen.

Wer ist verantwortlich, wenn dabei etwas passiert?

Für den Weg zu und von der Kita sind grundsätzlich die Personensorgeberechtigten verantwortlich (s. Kapitel 2.4, S. 25), auch dann, wenn die Kinder von einem Bus gebracht werden. Die Aufsichtspflicht der Kita endet, sobald die Kinder die Einrichtung vereinbarungsgemäß verlassen haben (s. o. Kapitel 2.2).

Die Kita ist nur dann verpflichtet, die Kinder vom Bus abzuholen und sie zu beaufsichtigen, bis sie in den Bus gestiegen sind, wenn dies ausdrücklich mit den Eltern vereinbart worden ist. Aber auch dann, wenn die Eltern aufgrund der konkreten Umstände darauf vertrauen durften, dass die pädagogischen Fachkräfte die Aufsicht für die „Buskinder" übernehmen, beispielsweise weil es in der Kita in der Vergangenheit üblich war, dass die Kinder von einer Erzieherin regelmäßig an der Bustür in Empfang genommen und zum Bus gebracht werden, liegt weiterhin die Aufsichtspflicht für den Hin- und Rückweg zum Bus bei der Kita. Im tatsächlichen Verhalten der pädagogischen Fachkräfte liegt dann eine **konkludente Übernahme der Aufsichtspflicht**.

MERKSATZ

Wenn es in der Kita „Buskinder" gibt, sollte darauf geachtet werden, die Aufsichtspflicht mit den Eltern ausdrücklich, beispielsweise im Betreuungsvertrag, zu klären.

FAZIT

Im Fallbeispiel ist die Kita nicht dafür verantwortlich, die Kinder zu beaufsichtigen, bis der Bus kommt, sofern eine Beaufsichtigung der Buskinder nicht zwischen Kita und Eltern vereinbart wurde.

9. Wie sollte man sich verhalten, wenn ein Kind nicht abgeholt wird?

FALLBEISPIEL

Immer wieder wird die fünfjährige Merle verspätet von der Kita abgeholt. An einem Freitagnachmittag ist Merle um 14.30 Uhr immer noch nicht abgeholt worden, obwohl die Kita bereits um 14.00 Uhr schließt. Erzieherin Ute ist mit Merle in der Kita geblieben.

Wie lange muss Erzieherin Ute noch warten und wie sollte sie mit der Situation umgehen?

Werden Kinder verspätet oder gar nicht abgeholt, besteht eine Verpflichtung der Kita, das Kind auch über die regulären Kita-Zeiten hinaus zu beaufsichtigen.
Es sollte zunächst versucht werden, die Eltern oder andere abholberechtigte Personen anzurufen. Erreicht man niemanden, der das Kind abholen kann, darf das Kind unter Aufsicht einer vertrauenswürdigen Person, z. B. einer Putzhilfe oder des Hausmeisters, in der Kita zurückgelassen werden. Die Betreuung des Kindes außerhalb der vereinbarten Betreuungszeiten muss nicht von einer pädagogischen Fachkraft übernommen werden.

Es wäre auch zulässig, das Kind mit dem Taxi zu einer abholberechtigten Person bringen zu lassen, die bereit ist, das Kind zu betreuen.

Selbstverständlich kann man auch das Jugendamt oder die Polizei um Hilfe bitten, wenn die Eltern nicht erscheinen, um das Kind abzuholen. Darauf sollte jedoch nur zurückgegriffen werden, wenn gar keine andere Möglichkeit in Betracht kommt, damit das Kind nicht unnötig traumatisiert wird.

MERKSATZ

In jedem Fall sollte man nicht vergessen, an der Tür der Einrichtung eine Notiz für die Eltern zu hinterlassen, damit diese, falls sie doch noch kommen, wissen, wo sich ihr Kind befindet.

Kommen Eltern notorisch zu spät und dehnen sie oftmals durch Unpünktlichkeit die Betreuungszeiten der Kita aus, kann es sinnvoll sein, zu versuchen, mit den Eltern individuelle Lösungen zu finden. Vielleicht kann das Kind von in der Nähe wohnenden Eltern anderer Kita-Kinder mit abgeholt werden.
Der Träger der Kita ist aber auch berechtigt, eine **Verspätungsgebühr** für verspätetes Abholen zu erheben. Möglich wäre beispielsweise, im Betreuungsvertrag oder in der Gebührensatzung eine Regelung aufzunehmen, dass pro angefangener Viertelstunde 10,00 € in Rechnung gestellt werden (zur Rechtmäßigkeit von Verspätungsgebühren, vgl. Verwaltungsgericht Gießen, Urteil vom 11.06.2008 – 8 E 1490/07).

Außerdem kann bei wiederholten Verstößen gegen die Abholregelungen der Betreuungsvertrag **nach Abmahnung gekündigt** werden (vgl. § 314 BGB). Vielleicht kann die Kita-Leitung solche Vorkommnisse auch zum Anlass nehmen, zu überdenken, ob die Öffnungszeiten der Kita dem individuellen Bedarf der Eltern entsprechen.

FAZIT

Wenn Erzieherin Ute die Eltern von Merle telefonisch nicht erreichen kann, sollte sie bei anderen abholberechtigten Personen anrufen und darum bitten, dass Merle abgeholt wird. Sofern diese Merle zwar betreuen, nicht aber abholen können, kann die Erzieherin für Merle auf Kosten der Eltern ein Taxi bestellen – vorausgesetzt, die Entfernung ist nicht zu weit und die Kosten sind nicht unverhältnismäßig hoch. Ute sollte in diesem Fall unbedingt daran denken, am Eingang der Kita für die verspäteten Eltern eine Notiz zu hinterlassen, damit diese wissen, bei wem sich ihr Kind befindet.

EIGENE NOTIZEN

EIGENE NOTIZEN

3 Was darf man erlauben – was muss man verbieten?

In diesem Kapitel geht es darum, anhand welcher Kriterien man im Einzelfall entscheiden kann, was Kindern erlaubt werden darf.

Dürfen Kinder in der Kita auf Bäume klettern oder auch unbeaufsichtigt spielen? Und was muss bei Kindern unter drei Jahren beachtet werden?

Zunächst werden allgemeine Kriterien vorgestellt, die Sie vor der jeweiligen Entscheidung, etwas zu erlauben oder zu verbieten, bedenken sollten. Anschließend wird anhand einer Vielzahl unterschiedlicher Fälle verdeutlicht, inwiefern diese Kriterien bei Ihrer Entscheidung hilfreich sind.

1. Anhand welcher Kriterien können pädagogische Fachkräfte entscheiden, was Kindern erlaubt werden darf?

FALLBEISPIEL

Auf dem Außengelände der Kita Bullerbü befindet sich ein kräftiger, verzweigt gewachsener Baum. Die Kinder lieben es, auf den Baum zu klettern. Die pädagogischen Fachkräfte der Kita sind sich allerdings unsicher, ob sie den Kindern das Klettern erlauben dürfen. Einige Fachkräfte verbieten das Klettern, weil sie der Ansicht sind, dass es auf dem Gelände genügend andere Spielgeräte gibt, die TÜV-geprüft und mit dem GS-Siegel („geprüfte Sicherheit“) versehen sind.

Würden Sie den Kindern das Klettern erlauben?

Es gibt zwar keine Gesetze, die für jeden konkreten Einzelfall genau regeln, was Kindern erlaubt werden darf und was nicht. Die Rechtsprechung hat jedoch verschiedene **Kriterien zur Beurteilung der Aufsichtspflicht** entwickelt, anhand derer pädagogische Fachkräfte im konkreten Einzelfall abwägen und entscheiden können, was aus aufsichtsrechtlichen Gesichtspunkten zulässig ist oder verboten werden muss.[1]

Diese Kriterien der Rechtsprechung sollen zunächst kurz vorgestellt werden (siehe unter Ziff. 1–6). Anschließend soll die Anwendung dieser Kriterien anhand verschiedener Beispielsfälle deutlich gemacht werden (siehe Kapitel 3.2–3.7, S. 40–47).

* 1. Person des Kindes

Inhalt und Umfang der Aufsichtspflicht richten sich nach **Alter** und **Entwicklungsstand des Kindes**. Älteren Kindern kann selbstverständlich mehr erlaubt werden als Kleinkindern. Zu bedenken sind neben der körperlichen, sozialen und geistigen Reife auch sonstige Eigenarten des Kindes, insbesondere Verhaltensauffälligkeiten, Krankheiten und Ähnliches. Kinder mit gestörtem Sozialverhalten,

---

[1] *Vgl. z.B. BGH, NJW 1997, S. 2047–2048; OLG Düsseldorf, FamRZ, 1996, S. 803; BGH NJW 1993, S. 1003; BGH, NJW 1990, S. 2553; BGH, FamRZ 1987, S. 1128; BGH, NJW 1984, S. 2574.*

besonders aggressive Kinder oder Kinder mit Behinderung müssen besonders engmaschig beaufsichtigt werden.
Im Fallbeispiel sollte die Entscheidung, ob das Klettern erlaubt werden darf, davon abhängig gemacht werden, ob die Kinder alt genug und der Herausforderung körperlich gewachsen sind. Eine Erzieherin sollte sich beim Baum aufhalten, um die Kletterversuche der Kinder beobachten und abhängig vom jeweiligen Kind nötige Hilfestellungen und Anweisungen geben zu können.

* 2. Art und Gefährlichkeit der Beschäftigung

Je gefährlicher eine Beschäftigung ist, desto höhere Anforderungen werden an die Aufsichtsführung gestellt. Die konkrete Gefährlichkeit muss abhängig vom jeweiligen Entwicklungsstand und der Reife des Kindes eingeschätzt werden, um in der jeweiligen Situation – beispielsweise durch Anleitung, beschützende Spielregeln und gegebenenfalls engmaschige Begleitung oder ein Verbot – angemessen darauf zu reagieren können.
Betrachtet man das Fallbeispiel, so muss das Klettern auf dem Baum untersagt werden, wenn der Baum für das Klettern ungeeignet ist, etwa weil er morsch ist oder sich unter dem Baum ein gefährlicher Untergrund befindet.
Ist der Baum gesund und stabil gewachsen und befindet sich unter dem Baum beispielsweise eine Wiese, eine Sandfläche oder Fallschutzmatten, sollte je nach Beschaffenheit des Baumes gekennzeichnet werden, wie hoch die Kinder jeweils klettern dürfen. Man kann durch verschiedenfarbige Bänder Markierungen in der jeweiligen Höhe des Baumes anbringen.

* 3. Person der Fachkraft

Pädagogische Fachkräfte mit langjährigen Berufserfahrungen, die die Kinder gut kennen und einschätzen können und die sich darauf verlassen können, dass diese auch auf sie hören, dürfen sehr viel mehr erlauben als pädagogische Fachkräfte oder Praktikantinnen/Praktikanten, die erst neu in der Einrichtung sind.
Im Fallbeispiel darf das Klettern deshalb nur von Fachkräften erlaubt werden, die die jeweiligen Kinder gut genug einzuschätzen wissen und sich sicher sein können, dass die Kinder ihren Aufforderungen, nicht höher zu klettern oder wieder herunterzukommen etc., auch nachkommen werden.

* 4. Örtliche Umgebung

Es macht für die Aufsichtsführung einen großen Unterschied, ob Kinder und Jugendliche in einem abgeschlossenen, eingezäunten Gelände spielen oder an einer befahrenen Straße oder einem Parkplatz bzw. an einem Ort mit sonstigen Gefahrenquellen.

Wurde auf dem Außengelände einer Kita beispielsweise ein Planschbecken oder eine Hüpfburg aufgestellt, muss diese Gefahrenquelle ununterbrochen beaufsichtigt werden. Handelt es sich um ein eingefriedetes Außengelände ohne besondere Gefahrenquellen, können Kinder dort gegebenenfalls auch eine gewisse Zeit unbeaufsichtigt spielen.

Die Rechtsprechung verlangt, dass man, bevor man ein Kind irgendwo unbeaufsichtigt spielen lässt, prüft, ob die örtliche Umgebung besondere Gefahrenquellen aufweist. Deshalb sollte das **Außengelände** einer Kita morgens, bevor die Kinder ins Freie gelassen werden, auf **Gefahren**, wie z. B. Giftpilze, zerbrochene Bierflaschen, herumliegende Heroinspritzen etc. überprüft werden.
Bevor Kinder in der **Turnhalle** allein spielen dürfen, muss vorab überprüft werden, dass die Turnhalle keine Gefahren aufweist, z. B. keine Seile herumliegen und die Sprossenwand abgesichert worden ist.

* 5. Zumutbarkeit

Verlangt wird nach ständiger Rechtsprechung nur, was einer verständigen Aufsichtsperson in der jeweiligen Situation vernünftigerweise abverlangt werden kann (vgl. BGH, Urteil vom 07.07.1987, Az.: VI ZR 176/86; BGH Urteil vom 29.05.1990, Az: VI ZR 205/89). Nicht alles, was an Aufsichtsmaßnahmen denkbar ist, ist auch zumutbar (LWL-Landesjugendamt Westfalen/LVR-Landesjugendamt Rheinland, 2022, S. 22). Nicht jeder eingetretene Schaden stellt eine Aufsichtspflichtverletzung dar (BGH NJW-RR 1987, 1430; NJW 1990, 2553; BGH NJW 1984, 2574).

BEISPIEL

Wird beispielsweise ein Kind von einem anderen im Sandkasten verletzt, während die Erzieherin an der Schaukel steht, kann grundsätzlich nicht von einer Aufsichtspflichtverletzung ausgegangen werden. Es ist nicht möglich und nicht zumutbar, alle Bereiche des Außengeländes gleichzeitig im Auge zu behalten. Eine „verständige Aufsichtsperson“ würde sich in dieser Situation vernünftigerweise bei den gefährlicheren Geräten, also der Schaukel, aufhalten.

Was in der konkreten Situation von der aufsichtführenden Person verlangt wird, hängt auch von der jeweiligen **Arbeitsbelastung** und der **Gruppengröße** ab.

Im Fallbeispiel sollte das Klettern nur erlaubt werden, wenn genügend Fachkräfte auf dem Außengelände sind, sodass jeweils eine Erzieherin beim Baum stehen kann, um die kletternden Kinder zu beaufsichtigen.

* 6. Wechselbeziehung der Aufsichtspflicht

Nach ständiger Rechtsprechung[1] kann und darf nicht jede Gefahrensituation und jedes **Restrisiko** vermieden werden, denn dies stünde einer Erziehung zur Selbstständigkeit und Eigenverantwortung entgegen. Kinder müssen vielmehr die Gelegenheit bekommen, sich selbst zu erproben und auszuprobieren. Sie lernen auf diese Weise, Gefahren einzuschätzen und mit ihnen umzugehen. Pädagogische Fachkräfte müssen Kindern die für ihre Entwicklung notwendigen pädagogischen Freiräume einräumen und ihnen entsprechende Erfahrungen ermöglichen. Neben den Sicherheitsaspekten müssen pädagogische Fachkräfte immer auch Aspekte der Selbstständigkeitserziehung und der Entwicklungsbedürfnisse der Kinder berücksichtigen. Sie sind nicht gehalten, auf pädagogisch sinnvolle Aktivitäten zu verzichten, auch wenn sie ihrer Natur nach ein gewisses Gefahrenpotenzial in sich bergen.

FAZIT

Im Fallbeispiel sollten die Erzieherinnen und Erzieher den Kindern das **Klettern auf dem Baum** ermöglichen, sofern der Baum stabil gewachsen ist, der Untergrund keine besonderen Gefahren aufweist und die pädagogischen Fachkräfte das jeweilige Kind einschätzen können. Unter dem Baum sollten gegebenenfalls Fallschutzmatten ausgelegt werden. Außerdem sollten sich auf dem Außengelände genügend Fachkräfte befinden, sodass jeweils eine Person die Kletterversuche der Kinder am Baum überwachen kann.
Das Klettern zu verbieten wäre unter pädagogischen Gesichtspunkten nicht sinnvoll und ist auch aus rechtlicher Sicht nicht notwendig. Pädagogische Fachkräfte in Kitas haben den Auftrag, die Entwicklung der Kinder bestmöglich zu unterstützen (vgl. § 22 III SGB VIII).

---

1 *vgl. OLG Hamburg, Az. U 38/65; LG Berlin, Az. 7.0247/75; BGH NJW 1976, S. 1684; OLG Düsseldorf vom 12.10.1995, Az. 18U 225/94; BGH vom 10.07.1984, Az. VI ZR 273/82.*

3

Es ist nicht zulässig, die Kinder zur Vermeidung jeglicher Gefahr übermäßig einzuschränken. Kinder müssen die Möglichkeit haben, Gefahren kennenzulernen, mit Gefahren umzugehen und sich (körperlich) auszuprobieren.

➡ **Vertiefungshinweis:**
Schnurr: Sicher im Recht – kompetent in der Praxis: S. 35–44, 234–237.

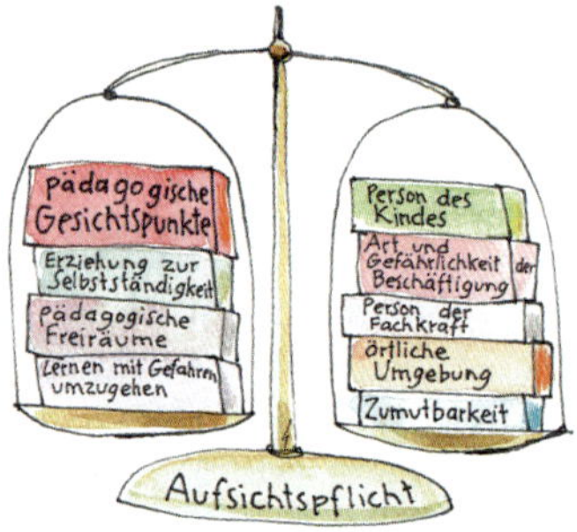

2. Dürfen Kinder allein auf dem Außengelände spielen?

FALLBEISPIEL

Während Erzieherin Marie noch mit dem Anziehen der kleineren Kinder der Kita beschäftigt ist, sind die älteren 5- bis 6-jährigen Kinder schon fertig und möchten bereits raus.

Darf Marie die Kinder alleine, ohne Aufsicht, auf dem Außengelände spielen lassen?

Ob Kinder in der Kita unbeaufsichtigt auf dem Außengelände, in der Turnhalle oder in separaten Räumen spielen dürfen, kann nicht pauschal beantwortet werden, sondern bestimmt sich wieder nach den von der Rechtsprechung entwickelten Kriterien. Entscheidend ist insbesondere das Alter und bisherige Verhalten der Kinder (Kriterium: Person des Kindes) und die Frage, ob die Räumlichkeit oder das Außengelände **besondere Gefahren** aufweisen (Kriterium: örtliche Umgebung). Bevor pädagogische Fachkräfte Kinder auf dem Außengelände oder in Räumen allein spielen lassen, müssen sie diese immer vorab überprüfen.
Wie auf S. 38 bereits erwähnt, sollte das Außengelände der Kita morgens vor der Öffnung regelmäßig begangen werden, um mögliche Gefahrenquellen entfernen zu können.

Sofern es sich um normal entwickelte, sozial unauffällige Kindergartenkinder handelt, die älter als drei Jahre sind, ist grundsätzlich nichts dagegen einzuwenden, diese einen gewissen Zeitraum auch unbeaufsichtigt spielen zu lassen, sofern die Räumlichkeiten bzw.

das Außengelände keine besondere Gefahren aufweisen. Darüber hinaus ist in regelmäßigen zeitlichen Abständen zu überprüfen, ob alles noch in Ordnung ist. Länger als 15 Minuten sollten Kindergartenkinder jedoch keinesfalls unbeaufsichtigt sich selbst überlassen werden.

FAZIT

Betrachtet man die im Fallbeispiel beschriebene Situation, so ist nichts dagegen einzuwenden, dass die älteren Kinder eine begrenzte Zeit unbeaufsichtigt auf dem Außengelände spielen, vorausgesetzt, das Außengelände weist keine besondere Gefahren auf (Kriterium: örtliche Umgebung), und es handelt sich um normal entwickelte, sozial unauffällige Kinder (Kriterium: Person des Kindes). Es ist für die Entwicklung von Kindern wichtig, auch ohne Anwesenheit einer Aufsichtsperson einen gewissen Zeitraum spielen zu dürfen und nicht unter ständiger Beobachtung zu stehen (Kriterium: Wechselbeziehung zwischen Aufsichts- und Erziehungspflicht). Allerdings sollte Erzieherin Marie, sofern das Außengelände morgens nicht routinemäßig überprüft worden ist, vorab einen Blick hierauf werfen, um sicherzustellen, dass alles in Ordnung ist, bevor sie die Kinder allein nach draußen lässt.

3. Und wenn doch etwas passiert – liegt dann eine Aufsichtspflichtverletzung vor?

FALLBEISPIEL

Erzieherin Amelie ist mit fünf Kindern im Alter von drei bis sechs Jahren auf dem Außengelände. Die Kinder spielen im Sandkasten. Amelie geht kurz in die Küche, um den Tee und das Obst für den Nachmittagsimbiss zu holen. Als sie zurückkommt, ist Simon blutverschmiert und weint fürchterlich. Marco hat Simon mit der Sandschaufel geschlagen, wodurch Simon eine Platzwunde erlitten hat.

Hat Amelie ihre Aufsichtspflicht verletzt?

Nicht immer, wenn etwas passiert, liegt eine Aufsichtspflichtverletzung vor. Wenn sich eine Gefahr entwickelt, gibt es nicht immer einen „Schuldigen". Eine Aufsichtspflichtverletzung ist nur dann anzunehmen, wenn die pädagogische Fachkraft die von der Rechtsprechung aufgestellten Kriterien nicht beachtet hat.
Wenn es sich um normal entwickelte Kindergartenkinder handelt, die bisher nicht durch aggressives Verhalten aufgefallen sind (Kriterium: Person des Kindes), ist grundsätzlich nichts dagegen einzuwenden, die Kinder für kurze Zeit allein auf dem Außengelände zu lassen, sofern dies keine besonderen Gefahren aufweist (Kriterium: örtliche Umgebung) und die Kinder keiner besonders gefährlichen Beschäftigung nachgehen (Kriterium: Art der Beschäftigung). Das Spielen im Sandkasten ist für Kinder, die älter als drei Jahre sind, normalerweise keine besonders gefährliche Beschäftigung. Eine ununterbrochene, lückenlose Beaufsichtigung der Kinder ist im Kindergartenalltag nicht möglich, nicht erforderlich und auch nicht wünschenswert (Kriterium: Zumutbarkeit und Wechselbeziehung).

FAZIT

Beim im Beispiel beschriebenen Vorfall ist nicht von einer Aufsichtspflichtverletzung der Erzieherin Amelie auszugehen. Allein aus der Tatsache, dass etwas passiert ist, kann noch keine Aufsichtspflichtverletzung der Erzieherin angenommen werden.

4. Streitende Kinder – was ist aufsichtsrechtlich zu beachten?

FALLBEISPIEL

Erzieherin Amelie ist mit fünf Kindern auf dem Außengelände. Gerade als sie in die Küche gehen möchte, beginnen Marco und Simon, beide fünf Jahre alt, im Sandkasten einen lauten Streit. Amelie entscheidet sich, rasch die Getränke für die Kinder aus der Küche zu holen und den Streit anschließend zu schlichten, weil die Kinder schon auf die Getränke warten. Als sie mit den Getränken zurückkommt, weint Simon fürchterlich. Marco hat ihm mit der Sandschaufel auf den Kopf geschlagen und Sand in die Augen geworfen.

Hat Amelie ihre Aufsichtspflicht verletzt?

Streitende Kinder dürfen nicht unbeaufsichtigt gelassen werden (vgl. BGH, Az. VI ZR 100/55). Der Bundesgerichtshof hat in einem ähnlichen Fall entschieden, dass eine pädagogische Fachkraft, die bemerkt, dass Kinder streiten, damit rechnen muss, dass sich die Kinder verletzen. Sie darf deshalb die streitenden Kinder nicht allein lassen. Es ist ihr zumutbar, zunächst den Streit zu schlichten, bevor sie anderen Tätigkeiten nachgeht.

FAZIT

Im Fallbeispiel ist von einer Aufsichtspflichtverletzung der Erzieherin auszugehen.

5. Welche aufsichtsrechtlichen Besonderheiten gelten für Kinder unter drei Jahren?

FALLBEISPIEL

Frida ist als Erzieherin in der Kindertagesstätte Arche für die Nestgruppe zuständig. Als ihre Kollegin in der Küche das Frühstück zubereitet, klingelt das Telefon im Flur. Frida lässt die Kinder kurz allein und geht zum Telefon. Als sie zurückkommt, versucht der zweieinhalbjährige Ferdinand verzweifelt, eine Rosine aus seinem Ohr zu bekommen. Die Rosine hat er, während Frida telefonierte, für einen Zaubertrick tief in sein Ohr gesteckt, dann aber nicht mehr herauszaubern können. Die Rosine in Ferdinands Ohr muss von einem Arzt entfernt werden. Der Arzt stellt eine Verletzung des Trommelfells fest, die voraussichtlich zu einer dauerhaften Schwerhörigkeit auf diesem Ohr führen wird.

Kann Frida eine Aufsichtspflichtverletzung vorgeworfen werden?

Da Kinder unter drei Jahren Gefahren häufig noch nicht richtig einschätzen können, stellt die Rechtsprechung bei der Beaufsichtigung von Kindern unter drei Jahren besonders hohe Anforderungen an die Aufsichtsführung. Neben den oben genannten allgemeinen Kriterien der

Aufsichtsführung sollten bei zu betreuenden U3-Kindern zusätzlich folgende Grundsätze beachtet werden:

* Kinder unter drei Jahren sollten grundsätzlich **lückenlos** beaufsichtigt werden (vgl. BGH Az. VI ZR 210/18). Sie dürfen keinesfalls über einen längeren Zeitraum sich selbst überlassen werden.
* **Kleinteilige Gegenstände und Spielsachen**, die verschluckt werden können, wie beispielsweise kleine Legosteine sowie Gegenstände, die Weichmacher oder sonstige Giftstoffe beim oralen Erkunden abgeben, müssen für U3-Kinder unerreichbar weggeräumt werden.

* **Treppen** und **Aufgänge zu Hochebenen** müssen mit Treppengittern gesichert werden, damit Kinder unter drei Jahren diese nur unter Aufsicht benutzen können.
* Der Abstand zwischen Gitterstäben bei Treppengeländern oder auch bei Gitterbettchen darf höchstens 8,9 cm betragen (DIN 1176-1).
* Es muss darauf geachtet werden, dass sich im Gruppenraum keine **Elektrogeräte** befinden, wie beispielsweise Wasserkocher, die am Kabel heruntergezogen werden können. Steckdosen müssen gesichert werden.
* Bei den Spielgeräten auf dem **Außengelände** ist eine besonders engmaschige Aufsichtsführung erforderlich, weil die meisten Außenspielgeräte für Kinder über drei Jahren entworfen und zugelassen sind.

Trotz dieser hohen Anforderungen, die an die Beaufsichtigung von Kindern unter drei Jahren zu stellen sind, wäre es verkehrt, jegliche mögliche Gefahr einfach zu vermeiden und die Kinder übermäßig einzuschränken. Denn gerade für die Entwicklung von Kindern unter drei Jahren ist es ganz besonders wichtig, zu lernen mit Gefahren umzugehen, vielfältige Bewegungsmöglichkeiten zu haben und unterschiedliche Materialien und Alltagsgegenstände kennenzulernen.

Es sollten möglichst viele Gefahrenquellen gemeinsam mit den Kindern erkundet und der Umgang mit ihnen erprobt und erlernt werden.

BEISPIEL

Bereits Krabbelkinder können in Kitas beispielsweise lernen, unter Aufsicht Treppen selbstständig zu bewältigen, indem sie diese auf dem Bauch und mit den Füßen zuerst herunterrutschen. Auch können sie lernen, unter Aufsicht mit Messer und Gabel zu essen oder mit einer Kinderschere zu hantieren.

Die Pädagogin und Kinderärztin Emmi Pikler hat treffend darauf hingewiesen, wie wichtig es ist, kleine Kinder nur vor großen Gefahren zu schützen und ihnen gleichzeitig die Möglichkeit zu geben, kleinere Gefahren kennenzulernen, um den Umgang damit zu erlernen (vgl. Pikler, in: Tardos, 2000, S. 7).

FAZIT

Kindern unter drei Jahren muss zwar nicht der Umgang mit Rosinen verboten werden, unzulässig ist es jedoch, die Kinder mit derartigen Kleinteilen unbeaufsichtigt spielen zu lassen. In der im Fallbeispiel beschriebenen Situation hätte Erzieherin Frida die Kinder der Nestgruppe keinesfalls längere Zeit unbeaufsichtigt lassen dürfen, denn die Kinder waren hierfür noch zu jung. Es wäre auch zumutbar gewesen, das Telefon läuten zu lassen, bis Fridas Kollegin aus der Küche zurückgekommen wäre. Die Erzieherin Frida hat folglich ihre Aufsichtspflicht verletzt.

6. Geburtstagskuchen oder Adventskranz – worauf muss man achten, wenn man in der Kita Kerzen anzündet?

FALLBEISPIEL

In der Kita Lummerland wird beim Geburtstag eines Kindes morgens im Stuhlkreis für jedes Lebensjahr des Kindes eine Geburtstagskerze angezündet.

Was müssen pädagogische Fachkräfte beachten, wenn sie in einer Kita Kerzen anzünden?

Nach ständiger Rechtsprechung sind bei offenem Feuer und dem **Umgang mit Zündmitteln** besonders strenge Anforderungen an die Aufsichtspflicht zu stellen.[1]

Pädagogische Fachkräfte sollten unbedingt darauf achten, Streichhölzer oder Feuerzeuge für die Kinder unerreichbar wegzuräumen. Die Kinder müssen auch vorab über die besonderen Gefahren, die vom Feuer ausgehen, **belehrt** werden. Sie sollten beispielsweise darauf hingewiesen werden, dass beim Ausblasen der Kerze darauf geachtet werden muss, dass Haare oder Kleidungsstücke kein Feuer fangen. Es muss auch immer eine Löschmöglichkeit erreichbar sein. Befindet sich im Gruppenraum ein Wasserhahn, reicht es, wenn ein Gefäß griffbereit steht. Ist dies nicht der Fall, sollte ein **Eimer mit Wasser** oder eine **Löschdecke** bereitgehalten werden.

Wenn die pädagogische Fachkraft den Raum verlässt, muss sie unbedingt die **Kerzen löschen**. Sie darf keinesfalls die Kinder mit den brennenden Kerzen allein lassen, auch nicht für kurze Zeit.

Beachtet man diese Grundsätze und stehen die Kerzen auf einem sicheren Untergrund, so ist nichts gegen das Anzünden von Kerzen einzuwenden.

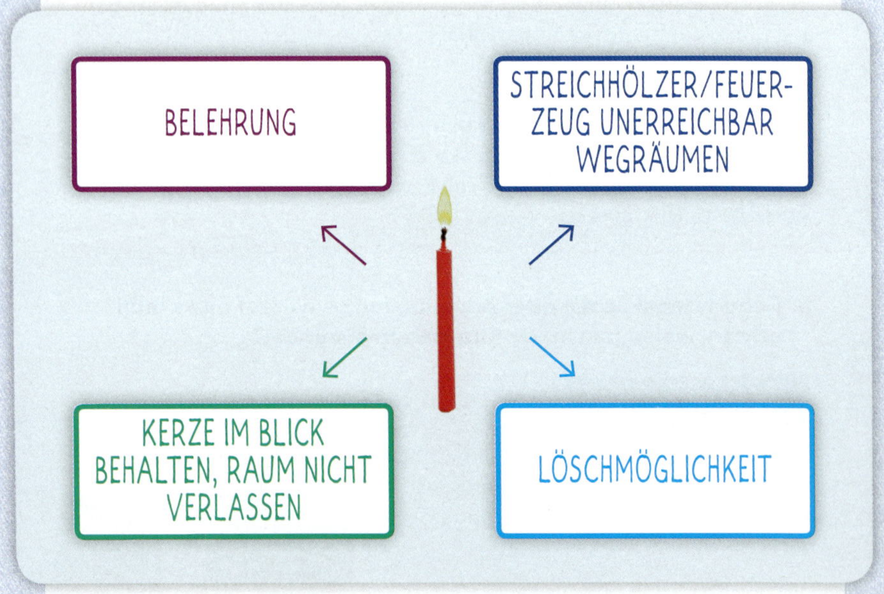

1 *Vgl. z. B. BGH, NJW 1993, S. 1003; BGH, Urteil vom 17. Mai 1983 – VI ZR 263/81; BGH, Urteil vom 10. Juli 1984 – VI ZR 273/82.*

7. Balancieren auf aufeinandergestapelten Baumstämmen – eine gute Gleichgewichtsübung?

FALLBEISPIEL

Die Kita Waldwichtel macht jeden Freitag einen Waldtag im nahe gelegenen Wald.
Während des Picknicks auf einer schönen Lichtung üben zwei Kinder auf mehreren aufeinandergestapelten Baumstämmen Balancieren.
Die Baumstämme geraten ins Rollen.
Ein Kind wird schwer verletzt.

Wie ist dieser Unfall zu bewerten?

Das Balancieren auf aufeinandergestapelten Baumstämmen ist definitiv keine gute Idee und muss von den pädagogischen Fachkräften unbedingt verboten werden! Auch wenn das Klettern auf aufeinandergestapelten Baumstämmen Kindern viel Freude macht und deren Gleichgewichtssinn und Geschicklichkeit übt, darf es keinesfalls erlaubt werden, weil es zu gefährlich ist (LG Bad Kreuznach, Az. 1024 Js 6294/10 Ns). Durch ins Rollen geratene Baumstämme kam es bereits wiederholt zu tödlichen Unfällen. Kinder sind vor Waldausflügen unbedingt auf diese Gefahr hinzuweisen.

EIGENE NOTIZEN

4 Aufsichtspflicht bei Veranstaltungen und Ausflügen

Waldausflüge, Schwimmbadbesuch, Sommerfeste und Übernachtungen in der Kita – in diesem Kapitel finden Sie Informationen darüber, was Sie bei diesen oder ähnlichen Veranstaltungen beachten sollten, um rechtlich auf der sicheren Seite zu sein.

Es wird in diesem Kapitel auch darauf eingegangen, ob pädagogische Fachkräfte oder Eltern Kita-Kinder in ihrem privaten Pkw bei Ausflügen der Kita mitnehmen dürfen.

1. Wer hat die Aufsichtspflicht auf Kita-Festen, zu denen auch Eltern, Großeltern und Geschwister eingeladen sind?

FALLBEISPIEL

Die Kita Rumpelpumpel lädt alle Kita-Kinder mit ihren Familien zu einem Sommerfest in die Kita ein. Das Sommerfest soll an einem Freitagabend auf dem Außengelände der Kita stattfinden. Es wird gegrillt. An einem Lagerfeuer dürfen sich die Kinder Stockbrot backen. Eine Erzieherin schnitzt mit den Kindern die Stöcke für das Stockbrot, eine andere gestaltet mit einigen Kindern Windlichter für die abendliche Deko.

Wer hat bei dieser Veranstaltung die Aufsichtspflicht über die Kita-Kinder und deren Geschwisterkinder?

Besuchen Eltern gemeinsam mit ihren Kindern außerhalb der regulären Betreuungszeiten Kita-Veranstaltungen, liegt die Aufsichtspflicht weiterhin bei den Eltern[1] und nicht bei den pädagogischen Fachkräften der Kita (vgl. Barth, 2010, S. 13) Denn nach den üblichen Betreuungsverträgen ist davon auszugehen, dass die Aufsichtspflicht nur während der regulären Öffnungszeiten auf die Kita übergeht.

Die pädagogischen Fachkräfte der Einrichtung haben jedoch dann die Aufsichtspflicht, wenn ein Kind **ohne Eltern oder sonstige aufsichtsberechtigte Person** zu der Veranstaltung kommt oder wenn pädagogische Fachkräfte während der Veranstaltung für die Kinder **bestimmte Angebote ohne deren Eltern** anbieten, wie das Schnitzen oder das Basteln der Windlichter im Fallbeispiel. Auch wenn seitens der Kita eine bestimmte **Gefahrenquelle** eröffnet wird, sind die pädagogischen Fachkräfte verpflichtet, diese Gefahrenquelle abzusichern und zu beaufsichtigen, sodass kein Kind zu Schaden kommt. In der im Fallbeispiel beschriebenen Situation müssen das Feuer und der Grill von den Fachkräften der Kita beaufsichtigt werden.

---

1 Wenn nachfolgend von „Eltern" gesprochen wird, sind die Personensorgeberechtigten gemeint.

Weil Eltern oft irrig der Meinung sind, dass sie sich, sobald sie die Kita betreten, nicht mehr um ihre Kinder kümmern müssten und die Aufsichtspflicht für ihre Kinder nun bei den pädagogischen Fachkräften liege, ist es wichtig, die Eltern bereits im **Einladungsschreiben** darauf hinzuweisen, dass sie verpflichtet sind, während der Veranstaltung ihre Kinder zu beaufsichtigen.

FAZIT

Auf dem Sommerfest der Kita Rumpelpumpel liegt die Aufsichtspflicht für die Kinder bei deren Personensorgeberechtigten oder den von diesen Beauftragten. Während des Bastel- und Schnitzangebotes geht die Aufsichtspflicht jedoch auf die pädagogischen Fachkräfte über. Die pädagogischen Fachkräfte sind auch verpflichtet, die Beaufsichtigung des Grills und des Feuers sicherzustellen.

➡ **Vertiefungshinweis:**
Schnurr: Sicher im Recht – Kompetent in der Praxis, S. 30–34, 232–233.

Kita-Veranstaltungen
außerhalb der regulären Öffnungszeiten

↓

Aufsichtspflicht liegt bei den Eltern
(Sorgeberechtigten) oder den von diesen Beauftragten

↓

Die Aufsichtspflicht liegt ausnahmsweise bei der Kita, wenn

- Kind ohne Eltern oder sonstige Aufsichtsperson teilnimmt.
- pädagogische Fachkräfte Angebote für die Kinder anbieten, z. B. Bastelangebot.
- Kita eine Gefahrenquelle eröffnet, z. B. Planschbecken, Grill etc.
- Kita ausdrücklich oder konkludent die Aufsichtspflicht übernimmt.

2. Dürfen pädagogische Fachkräfte oder Eltern die Kita-Kinder auch in ihrem privaten Pkw transportieren?

FALLBEISPIEL

Die Kita Sonnenschein plant mit einer Gruppe von 15 Kindern einen Zoobesuch. Einige hilfsbereite Mütter erklären sich bereit, die Kinder zu fahren. Die beiden Gruppenerzieherinnen sind ebenfalls bereit, Kinder in ihren privaten Pkws zu transportieren.

Ist es zulässig, dass die Kinder im Auto der Mütter und im Auto der Erzieherinnen zum Zoo gefahren werden? Wer haftet, wenn es auf dem Weg zum Zoo zum Unfall kommt?

Pädagogische Fachkräfte, Eltern und sonstige Personen dürfen Kinder in ihrem privaten Pkw transportieren, vorausgesetzt, der **Träger** der Kita ist mit dem Transport im Privat-Pkw einverstanden und die Eltern bzw. die Sorgeberechtigten der Kita-Kinder stimmen zu.

Eine **Einverständniserklärung** der Eltern ist erforderlich, da die Mitnahme im Privat-Pkw vom Betreuungsvertrag nicht gedeckt ist. Bevor die Einverständniserklärung der Eltern eingeholt wird, sollte den Eltern vorab mitgeteilt worden sein, wer sich bereit erklärt hat, die Kinder zu fahren. Aus Beweisgründen sollte die Einverständniserklärung der Eltern schriftlich eingeholt werden.

Kommt es zu einem Unfall und ein Kind wird verletzt, kommt hierfür die **gesetzliche Unfallversicherung** auf. Diese kommt für alle Körperschäden auf, die bei einer Kita-Veranstaltung, auf dem Weg zu einer Kita-Veranstaltung oder auf Ausflügen der Kita entstanden sind.

Wenn sich ein Kind auf der Fahrt verletzt, käme eine persönliche Haftung der pädagogischen Fachkraft bzw. des fahrenden Elternteils nur in den äußerst seltenen Fällen in Betracht, in denen sie den Unfall **grob fahrlässig** oder **vorsätzlich** herbeigeführt haben. Nur bei grob fahrlässigem oder vorsätzlichem Verhalten ist die gesetzliche Unfallversicherung berechtigt, Regress zu verlangen, d. h., den entstandenen Schaden, wie etwa die Heilbehandlungskosten, der pädagogischen Fachkraft bzw. dem Elternteil, der das Auto gefahren hat, in Rechnung zu stellen.

BEISPIEL

Grobe Fahrlässigkeit läge beispielsweise vor, wenn pädagogische Fachkräfte die Kinder ohne Kindersitze transportierten, alkoholisiert führen oder bei Rot eine Ampel passierten.

Nur dann müssen Erzieherinnen und Erzieher befürchten, für den entstandenen Schaden selbst aufkommen zu müssen. Gegen Regressansprüche bei grober Fahrlässigkeit können sich pädagogische Fachkräfte durch eine Berufshaftpflichtversicherung absichern.

Für **Sachschäden am eigenen Pkw** müssen die pädagogischen Fachkräfte bzw. der fahrende Elternteil aufkommen, wenn sie den Unfall selbst verschuldet haben und keine Vollkaskoversicherung abgeschlossen wurde. Je nach Grad des Verschuldens können pädagogische Fachkräfte gegebenenfalls einen Ersatzanspruch gegen den Träger der Kita geltend machen, weil die Fahrt beruflich veranlasst war. Manche Träger untersagen deshalb von vornherein den Transport der Kinder im Privat-Pkw. Auf diese Weise schließen sie aus, bei einem von der pädagogischen Fachkraft verschuldeten Unfall gegebenenfalls für den entstandenen Sachschaden aufkommen zu müssen.

Wurde der Sachschaden vom **Unfallgegner** verschuldet, muss dessen Kfz-Haftpflichtversicherung für den Schaden aufkommen.

Für Sachschäden am fremden Pkw oder sonstige durch den Pkw verursachte Schäden kommt die Kfz-Versicherung der Eltern bzw. der pädagogischen Fachkraft auf.

FAZIT

Es ist nichts dagegen einzuwenden, die Kinder in der im Fallbeispiel beschriebenen Situation mit dem Privat-Pkw zum Zoo zu fahren, vorausgesetzt, der Träger und die Eltern der Kinder sind damit einverstanden.
Kommt es auf dem Weg zum Zoo zu einem Unfall, kommt für die entstandenen Schäden Dritter die Kfz-Haftpflichtversicherung desjenigen auf, der den Unfall verschuldet hat.
Wird ein Kind verletzt, kommen für die Heilbehandlung, für Reha-Leistungen und mögliche Rentenansprüche die gesetzliche Unfallversicherung und die Kfz-Haftpflichtversicherung desjenigen auf, der den Unfall verschuldet hat.

MITNAHME VON KINDERN IM PRIVAT-PKW

Voraussetzung:
* Einverständniserklärung der Sorgeberechtigten
* Einverständnis des Trägers der Kita

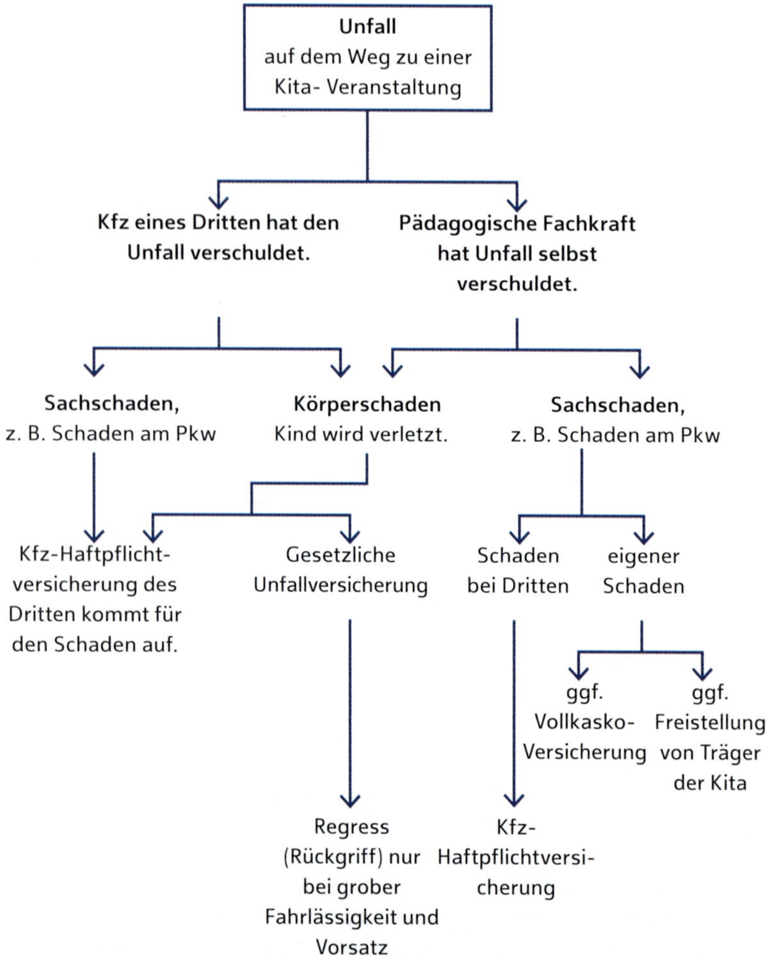

3. Waldausflug – was müssen Sie beachten und was nehmen Sie mit?

FALLBEISPIEL

Die Kinder der Kita Waldwichtel machen jeden Freitag einen Waldausflug in den nahe gelegenen Wald.

Was sollten die pädagogischen Fachkräfte bedenken? Und was sollten sie auf den Waldausflug mitnehmen?

Vor jedem Ausflug sollten die Eltern informiert und eine **Einverständniserklärung** der Eltern eingeholt werden, denn Ausflüge sind vom Betreuungsvertrag grundsätzlich nicht gedeckt.

Wie viele **Aufsichtspersonen** den Ausflug begleiten, muss nach den allgemeinen Kriterien der Rechtsprechung (s. Kapitel 3.1, S. 36–38) entschieden werden. Entscheidend sind nicht nur das Alter, der Entwicklungsstand und das bisheriges Verhalten der teilnehmenden Kinder, sondern vor allem auch die Gefährlichkeit des geplanten Ausfluges.

Nach der Rechtsprechung darf bei Kindergartenkindern, die älter als drei Jahre sind, eine Begleitperson keinesfalls für mehr als maximal 10 Kinder verantwortlich sein. Bei vielen Ausflügen wird ein wesentlich höherer Betreuungsschlüssel angemessen sein.

Unabhängig von der Gruppengröße müssen die Kinder bei jedem Ausflug von **mindestens zwei Aufsichtspersonen** begleitet werden, damit bei einem Notfall, wenn sich beispielsweise ein Kind verletzt, eine Begleitperson Hilfe holen und die andere bei den Kindern bleiben kann. Wenigstens eine der Begleitpersonen muss eine **Erste-Hilfe-Ausbildung** haben, die nicht länger als zwei Jahre zurückliegt.

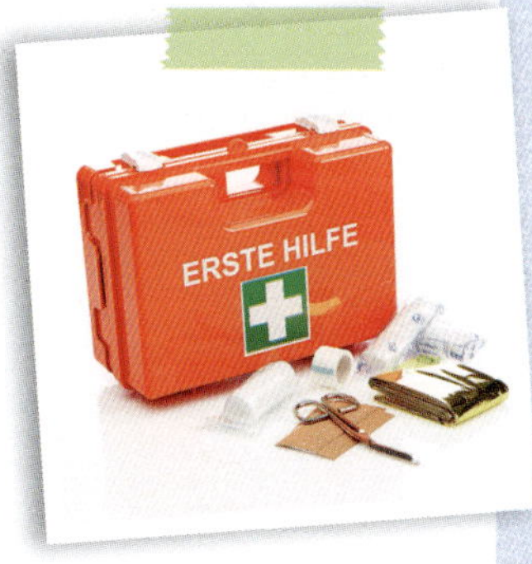

Vor dem Ausflug sollten mit den Kindern **Verhaltensregeln** besprochen werden, beispielsweise dass sie im Wald in Hör- und Sichtweite bleiben, keine Blätter oder Früchte essen, nicht auf Baumstämme klettern, keine toten Tiere anfassen und keine Abfälle liegen lassen.

Die Erzieherinnen und Erzieher sollten bei Waldausflügen darauf achten, eine **Erste-Hilfe-Tasche** und ihr **aufgeladenes Handy/Smartphone** dabeizuhaben, die Telefonnummern der Eltern und der Kita mitzunehmen, Wasser und eine **Zeckenzange oder Zeckenkarte** einzupacken.

Damit niemand verloren geht, ist es sinnvoll, eine **Liste der teilnehmenden Kinder** dabei zu haben. Es kann darüber hinaus sehr nützlich sein, an Taschentücher oder Toilettenpapier, Mülltüten und Wechselkleidung zu denken. (vgl. Heike Schnurr, Waldtage rechtssicher planen, in kindergarten heute, Heft 4/2017, 47. Jg. S. 24–26).

To-do-Liste Waldausflug

- Eltern informieren
- Einverständniserklärung der Eltern einsammeln
- Verhaltensregeln mit den Kindern besprechen
  - Wir bleiben im Wald in Hör- und Sichtweite.
  - Wir essen keine Blätter und Früchte.
  - Wir klettern nicht auf Baumstämme.
  - Wir fassen keine toten Tiere an.
  - Wir lassen keinen Müll liegen.

- Packliste:
  - Erste-Hilfe-Tasche
  - Handy/Smartphone (aufgeladen?)
  - Telefonnummer der Kita
  - Telefonnummern der Eltern
  - Namensliste der teilnehmenden Kinder
  - Wasser
  - Toilettenpapier/Taschentücher
  - Mülltüte
  - Zeckenzange

4. Schwimmbadbesuch mit Kita-Kindern – was sollten Sie bedenken?

FALLBEISPIEL

Sie planen, mit den künftigen Schulkindern Ihrer Kita-Gruppe ein Schwimmbad zu besuchen.

Was sollten Sie unter aufsichtsrechtlichen Gesichtspunkten berücksichtigen?

- Vor einem Schwimmbadbesuch müssen die Eltern in einem Elternbrief über den geplanten Ausflug informiert werden. Es muss erfragt werden, ob gesundheitliche Gründe dem Schwimmbadbesuch entgegenstehen und ob die Kinder bereits schwimmen können. Es sollte vorab das **schriftliche Einverständnis** der Eltern eingeholt werden (vgl. Beispielvorlage auf der folgenden Seite).
- Auch der Träger muss über einen geplanten Ausflug ins Schwimmbad informiert werden.
- Mit den Kindern sollte vor dem Schwimmbadbesuch besprochen werden, an welche Regeln sie sich halten müssen.
- Während des Schwimmbadaufenthalts, aber auch während des Planschens in einem Planschbecken in der Kita, sind die pädagogischen Fachkräfte verpflichtet, die Kinder, die sich im Wasser befinden, im Auge zu behalten. Es sollte immer wenigstens eine Aufsichtsperson am Beckenrand stehen. Nach der Rechtsprechung müssen Kinder bis zu einem Alter von sechs Jahren während des Schwimmens ständig beaufsichtigt werden (vgl. OLG Köln, AZ: /U14/98). Es reicht nicht aus, dass ein Bademeister anwesend ist. Deshalb sollte eine Betreuungsperson keinesfalls mehr als fünf Kita-Kinder im Schwimmbad beaufsichtigen. Die Aufsichtspersonen müssen „rettungsfähig" sein, d. h., sie müssen fähig sein, Kinder aus einer gesundheits- oder lebensgefährdenden Situation im Wasser zu befreien. Ein Rettungsschwimmerabzeichen ist jedoch nicht erforderlich.

FAZIT

Unter aufsichtsrechtlichen Gesichtspunkten ist gegen den Schwimmbadbesuch grundsätzlich nichts einzuwenden, sofern genügend Aufsichtspersonen den Schwimmbadbesuch begleiten, die Eltern ihr Einverständnis erteilt haben, mit den Kindern vorab die einzuhaltenden Regeln besprochen wurden und der Träger vor dem Ausflug ins Schwimmbad informiert wurde.

Liebe Eltern,

wir möchten mit den Kindern, die im Sommer in die Schule kommen, jeden Freitagvormittag von 9.30 Uhr bis 11.30 Uhr das örtliche Hallenbad besuchen.

Bitte geben Sie Ihrem Kind freitags Badesachen, zwei Handtücher, einen Bademantel und Schwimmflügel mit, sofern Ihr Kind noch nicht schwimmen kann.

....

....

Diesen Abschnitt bitte ausgefüllt und unterschrieben bis zum .... bei .... abgeben, sofern Sie mit dem Schwimmbadbesuch Ihres Kindes einverstanden sind.

Wir sind damit einverstanden, dass unser Kind ....

freitags am Schwimmbadbesuch der Kita Spatzennest teilnimmt.

Unser Kind ist (Zutreffendes bitte ankreuzen):

* Nichtschwimmer ( )
* Schwimmer ( )

  Unser Kind hat das Seepferdchen erworben. ( )

Gesundheitliche Gründe, die dem Schwimmbadbesuch entgegenstehen, sind uns nicht bekannt.

....

Unterschriften der Sorgeberechtigten

5. Übernachten in der Kita

FALLBEISPIEL

Die Kita Arche plant für alle Kinder, die im Sommer in die Schule kommen, eine Übernachtung in der Kita. Die Leitung beauftragt Erzieher Lukas mit der Organisation.

Woran muss Lukas denken?

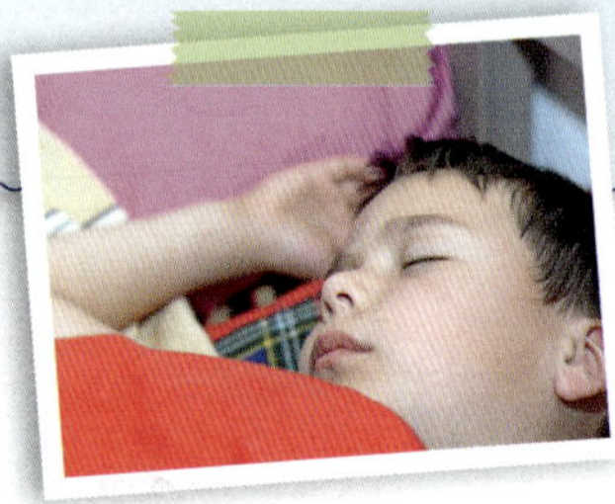

Wenn Sie eine Übernachtung in der Kita planen, sollten Sie vorab den **Träger** darüber informieren. Stimmt dieser der Veranstaltung zu, so handelt es sich um eine offizielle Kita-Veranstaltung, die teilnehmenden Kinder und Betreuungspersonen sind dann gesetzlich unfallversichert.
Des Weiteren benötigen Sie eine **Erklärung der Sorgeberechtigten,** dass sie mit der Übernachtung einverstanden sind. Bitten Sie die Eltern, am Übernachtungsabend telefonisch erreichbar zu sein, und lassen Sie sich für den Notfall deren **Handynummer** geben.
Da das Büro in vielen Einrichtungen außerhalb der regulären Öffnungszeiten abgeschlossen ist, sollten die betreuenden Fachkräfte für die Übernachtung ein aufgeladenes Handy mitbringen und die Erste-Hilfe-Ausstattung für den Übernachtungsabend für jeden gut erreichbar platzieren. Selbstverständlich muss wenigstens eine der Betreuungspersonen eine **Ersthelferausbildung** haben, die nicht länger als zwei Jahre zurückliegt.

Um den Überblick zu behalten, ist es sinnvoll, eine **Liste der teilnehmenden Kinder** anzulegen, auf der notiert wird, von wem die Kinder abgeholt werden.

Während der Übernachtung ist es nicht zulässig, die Kita abzusperren. Wenigstens eine **Notausgangstür** muss von innen zu öffnen sein, damit die Kinder die Kita bei Gefahr, z. B. Feuer, jederzeit selbstständig verlassen können.
Die pädagogischen Fachkräfte müssen auch darauf achten, dass sämtliche **Fluchtwege frei** sind und nicht durch Taschen, Matten usw. zugestellt werden.

Zwischen den Schlafgelegenheiten der Kinder muss ein freier Durchgang bleiben, sodass die Kinder nachts ungehindert ihr Lager und den Schlafraum verlassen können, um zur Toilette oder zu Betreuungspersonen zu gehen. Deshalb sollte auch im Flur und in den Räumen mit den Toiletten immer ein **Licht** brennen.

FAZIT

Wenn diese Punkte beachtet werden, steht der Übernachtung in der Kita nichts mehr im Wege.

To-do-Liste: Übernachtung in der Kita

vorab:

* Träger der Einrichtung informieren
* Eltern informieren
* Einverständniserklärung mit „Notfalltelefonnummern“ der Eltern einsammeln
* Erste-Hilfe-Set der Einrichtung auf Vollständigkeit überprüfen.

Bei der Übernachtung:

- mitzubringen:
  - aufgeladenes Handy/Smartphone,
  - Liste der teilnehmenden Kinder
  - Notfallnummern der Eltern
  - Übernachtungssachen (Isomatte, Kopfkissen, Schlafsack, Waschutensilien, Handtuch, Schlafanzug)
  - gute Laune
- Fluchtwege offen halten
  - Notausgangstüren müssen jederzeit von innen zu öffnen sein → nachts nicht alle Türen absperren
  - Fluchtwege frei halten, darauf achten, dass keine Taschen, Matratzen usw. den Weg versperren
  - Durchgang zwischen den Schlafgelegenheiten der Kinder lassen
  - Stolperfallen vermeiden
- Notlicht (Flur, Toiletten) brennen lassen

Liebe Kinder, liebe Eltern,

alle Kinder unserer Kita, die diesen Sommer in die Schule kommen, laden wir herzlich ein, am Freitag, den .... gemeinsam in unserer Kita zu übernachten.
Wir beginnen am Freitag um 18.00 Uhr mit einem gemeinsamen Abendessen und bitten Sie, Ihr Kind am Samstag um 9.00 Uhr wieder abzuholen.

Hier eine kleine Packliste für Deine Übernachtungstasche:

* Isomatte oder Luftmatratze (mit Pumpe)
* Schlafsack
* Kopfkissen
* Waschzeug (Seife, Zahnbürste, Zahnpasta, Bürste)
* Schlafanzug
* kleines Handtuch
* Kuscheltier und Taschenlampe
* gute Laune

Beitragskosten für das Abendessen, Frühstück und den Mitternachtssnack: 6,00 € pro Kind

Wir freuen uns auf einen lustigen und spannenden Abend mit euch in unserer Kita!

Euer Kita-Team

....

....

Wir sind damit einverstanden, dass unser Kind ....
am .... in der Kita Arche übernachtet.
Wir sind an diesem Abend unter folgender Telefonnummer erreichbar: ....
Unser Kind wird von
( ) seinen Eltern
( )....................... abgeholt.
(Zutreffendes bitte ankreuzen.)

....

Unterschriften der Sorgeberechtigten

EIGENE NOTIZEN

5 Medikamente, Zecken, Läuse

Dieses Kapitel soll Ihnen Sicherheit geben, wie Sie sich verhalten sollten, falls Sie bei Kindern Zecken oder Läuse entdecken.

Ein weiterer Schwerpunkt dieses Kapitels ist die Frage, unter welchen Voraussetzungen Kindern in der Kita Medikamente gegeben werden dürfen, und was Sie bei Unfällen in der Kita beachten sollten.

5

1. Darf man Kindern in der Kita Medikamente verabreichen?

FALLBEISPIEL

Paulines Mutter bittet Erzieherin Leyla morgens in der Kita, ihrer Tochter vor dem Mittagessen einen Löffel vom Hustensaft zu geben.

Wie soll sich die Erzieherin verhalten?

Grundsätzlich sollten von pädagogischen Fachkräften in Kitas, sofern das Kind **akut** und nicht chronisch krank ist, **keine Medikamente** verabreicht werden. Die Gefahr ist zu groß, dass es zu Nebenwirkungen kommt, dass das Medikament versehentlich vergessen wird oder es zu Verwechslungen mit Medikamenten anderer Kinder kommt.

In **begründeten Einzelfällen** ist es jedoch ausnahmsweise zulässig, von diesem Grundsatz abzuweichen und die notwendigen Medikamente zu verabreichen.

BEISPIEL

Wenn ein Kind beispielsweise wieder völlig gesund ist, aber dennoch weiterhin regelmäßig Antibiotika einnehmen muss, um Resistenzen vorzubeugen und es für die Eltern schwierig ist, das Kind zu Hause zu betreuen, weil sie berufstätig sind, kann die Kita ihnen entgegenkommen und sich entscheiden, dem Kind die erforderlichen Medikamente zu geben.

Bevor eine pädagogische Fachkraft einem Kind Medikamente verabreicht, muss die Leitung dies vorab mit dem **Träger** der Einrichtung absprechen.

Des Weiteren sollten eine **schriftliche Zustimmung der Personensorgeberechtigten** und eine **schriftliche Verordnung des Arztes** vorliegen. Die Verordnung des Arztes sollte nicht nur die Dosierung und Lagerung des Medikamentes, sondern auch mögliche Nebenwirkungen und Maßnahmen, die im Notfall zu ergreifen sind, enthalten.

Bei jeder **Medikamentengabe** ist darauf zu achten, dass die Medikamentengabe **dokumentiert** wird. Das heißt, die pädagogische Fachkraft muss jedes Mal aufschreiben, wem sie wann welches Medikament in welcher Dosierung gegeben hat, damit die Medikamente nicht versehentlich doppelt gegeben werden.

Medikamente müssen immer sicher vor dem Zugriff der Kinder aufbewahrt werden. Um Verwechslungen auszuschließen, sollten die Medikamente mit dem Namen des Kindes versehen werden. Außerdem sollte man das **Verfallsdatum** des Medikamentes überprüfen.

FAZIT

In der im Fallbeispiel beschriebenen Situation sollte Erzieherin Leyla Paulines Mutter erklären, dass Kindern in der Kita keine Medikamente gegeben werden. Wenn Pauline akut an Husten leidet, sollte sie zu Hause bleiben, um gesund zu werden und andere Kinder nicht anzustecken.

2. Darf die Kita das Verabreichen von Medikamenten ablehnen, wenn ein Kind infolge einer chronischen Erkrankung auf Medikamente angewiesen ist?

FALLBEISPIEL

Der dreijährige Simon leidet unter Epilepsie und muss deshalb regelmäßig dreimal täglich ein Medikament einnehmen. Simon möchte ganztags die örtliche Kita besuchen. Die Leitung und die pädagogischen Fachkräfte sind allerdings nicht bereit, die Verantwortung dafür zu übernehmen, dass Simon täglich seine Medizin zur richtigen Uhrzeit einnimmt. Sie befürchten außerdem, dass Simon einen epileptischen Anfall in der Kita erleiden könnte.

Wie sollten sich Leitung und pädagogische Fachkräfte der Kita verhalten?

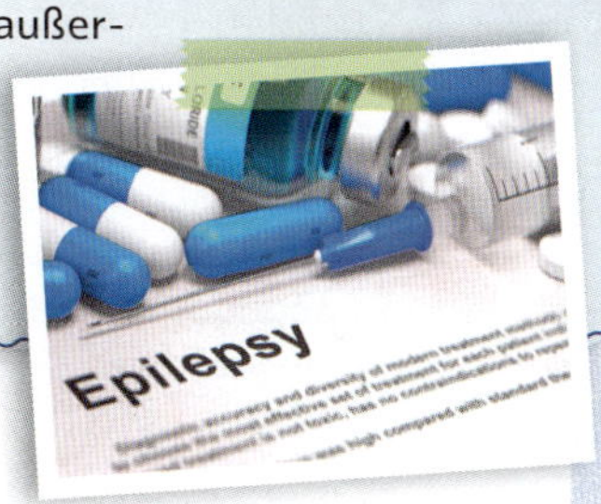

Von dem Grundsatz, Kindern in Kitas keine Medikamente zu verabreichen, sollte immer dann abgewichen werden, wenn ein Kind unter einer **chronischen Erkrankung** leidet.

DEFINITION: CHRONISCHE ERKRANKUNG

Unter chronischen Erkrankungen versteht man Krankheiten, die anders als akute Erkrankungen nicht kommen und wieder gehen, sondern lange andauern und typischerweise nicht vollständig ausheilen. Unter chronische Erkrankungen fallen beispielsweise Epilepsie, Rheuma und Diabetes.

Ist ein Kind aufgrund einer chronischen Erkrankung auf die Gabe von Medikamenten angewiesen, ist die Kita grundsätzlich verpflichtet, im Rahmen ihrer Möglichkeiten, dem Kind die notwendigen Medikamente zu verabreichen, um zu vermeiden, dass das Kind ausgegrenzt und auf Sondereinrichtungen verwiesen wird. Dabei muss bei der Medikamentengabe auf die oben genannten Voraussetzungen geachtet werden. Die Medikamente sollten nur nach Absprache mit dem Träger gegeben werden. Jede Medikamentengabe muss dokumentiert werden. Es sollte eine schriftliche Einverständniserklärung der Eltern und eine Verordnung des Arztes vorliegen.
Des Weiteren sollte eine verbindliche **Vertretungsregelung** getroffen werden für den Fall, dass die pädagogische Fachkraft, die die Medikamente gibt, ausfällt.

BEISPIEL

Bei einem **diabeteskranken Kind** wurde inzwischen höchstrichterlich entschieden, dass das Kind einen Anspruch auf den Besuch eines Regelkindergartens und einer normalen Schule hat und die Krankenkasse verpflichtet ist, eine Pflegekraft zur Verfügung zu stellen, die in die Kita kommt, um den Blutzucker zu messen und Insulin zu spritzen (vgl. Bundessozialgericht, Urteil vom 21. November 2002, Az. B 3KR 13/02 R). In der Praxis entscheiden sich die Krankenkassen häufig für den kostengünstigeren Weg, die pädagogischen Fachkräfte zu schulen, sodass diese die medizinischen Aufgaben übernehmen können und der ambulante Dienst nicht kommen muss. Denn selbst subkutane **Injektionen** dürfen von pädagogischen Fachkräften nicht ohne besondere Schulung vorgenommen werden.

Wird die Kita von einem Kind mit chronischer Erkrankung besucht, muss im Vorfeld mit den Eltern und gegebenenfalls mit dem Arzt geklärt werden, wie man sich im **Akutfall** – beispielsweise bei einem epileptischen Anfall, einem Zuckerschock oder einem Asthmaanfall – verhalten soll.

FAZIT

Die im Fallbeispiel erwähnte Kita sollte in Absprache mit dem Träger alles organisatorisch Mögliche versuchen, um die Medikamentengabe sicherzustellen und Simon den Besuch des Regelkindergartens zu ermöglichen. Es muss vorab mit den Eltern und gegebenenfalls mit dem betreuenden Arzt abgesprochen werden, wie im Fall eines epileptischen Anfalls vorgegangen werden soll. Des Weiteren muss darauf geachtet werden, dass die allgemeinen Voraussetzungen, die bei jeder Medikamentengabe beachtet werden müssen (s. Schaubild), eingehalten werden.

MEDIKAMENTE IN DER KITA

akute Erkrankung,
z. B. Erkältung, Bronchitis, Angina etc.

→ **Medikamente sollten nicht gegeben werden.**
Medikamentengabe ist nur ausnahmsweise in begründeten Einzelfällen zulässig.

chronische Erkrankung,
z. B. Diabetes, Epilepsie, Asthma

→ **Medikamente sollten gegeben werden,**
um Kinder nicht auszugrenzen und auf Sondereinrichtungen zu verweisen.

Voraussetzungen, die bei jeder Medikamentengabe seitens der Kita einzuhalten sind:

- schriftliche Zustimmung der Personensorgeberechtigten
- schriftliche Verordnung des Arztes
- Einverständnis des Trägers
- Dokumentation, wer wann wem welches Medikament verabreicht hat
- Medikamente werden für Kinder unerreichbar weggeräumt
- Medikament wird mit Namen des Kindes versehen
- sachgerechte Lagerung
- Vertretungsregelung
- Verfallsdatum überprüfen
- Eintragung ins Verbandbuch

3. Schürfwunden, Platzwunden und sonstige Unfälle in der Kita – wie sollten pädagogische Fachkräfte vorgehen?

FALLBEISPIEL

Ali stürzt in der Kita beim Rutschen und zieht sich mehrere Schürfwunden zu, die stark bluten.

Darf Alis Erzieherin die Schürfwunden desinfizieren, verbinden und die kleineren Wunden mit einem Pflaster versorgen?

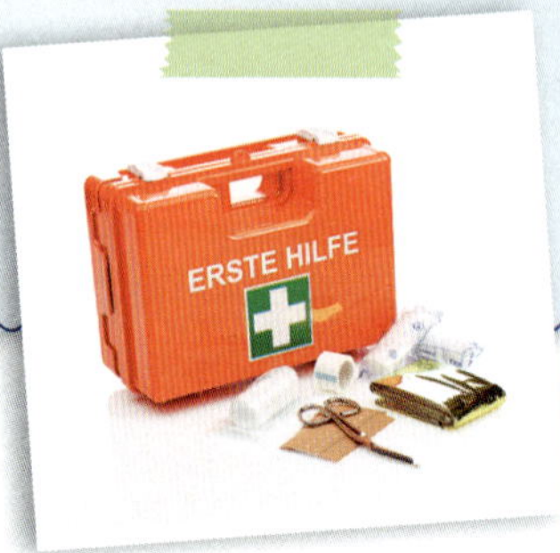

Bei Unfällen in der Kita sind pädagogische Fachkräfte aufgrund ihrer Fürsorgepflicht verpflichtet, den ihnen anvertrauten Kinder die erforderliche **Erste Hilfe** zu leisten. Eine ausdrückliche Einwilligung der Eltern ist hierfür nicht erforderlich, soweit es sich bei den Maßnahmen um eine notwendige **Erstversorgung** handelt.

Welche Erste-Hilfe-Maßnahmen erforderlich und deshalb zulässig sind, muss anhand des konkreten Einzelfalls und des im Erste-Hilfe-Kurs erlernten Wissens entschieden werden. Wenn Sie nach Ihrem besten Wissen Hilfe leisten, wie Sie es im Erste-Hilfe-Kurs gelernt haben, müssen Sie keinerlei rechtliche Konsequenzen befürchten, auch dann nicht, wenn Sie aus medizinischer Sicht falsch gehandelt haben und deshalb ein Schaden eingetreten ist. Falls Sie dagegen aus Angst, vielleicht etwas falsch zu machen, im Notfall nicht unverzüglich die Ihnen bestmögliche Hilfe leisten, machen Sie sich gegebenenfalls wegen **unterlassener Hilfeleistung** strafbar (vgl. § 323c StGB).

Bei schweren Verletzungen müssen die pädagogischen Fachkräfte selbstständig entscheiden, ob es notwendig ist, das Kind ärztlich versorgen zu lassen. Es macht keinen Sinn, die Eltern anzurufen und zu fragen, ob man einen Notarzt kommen lassen soll. Im Notfall sollte erst der **Notarzt** angerufen und erst anschließend die Eltern informieren werden, um keine Zeit zu verlieren.

Grundsätzlich sollte man sich bei schweren Verletzungen entscheiden, den Notarzt kommen zu lassen und das Kind nicht selbst zum Arzt zu fahren. Es besteht die Gefahr, dass das verunglückte Kind, auch wenn es nach dem Unfall zunächst ganz munter wirkt, beim Transport kollabiert. Der Notarzt kann außerdem auch sicherstellen, dass das Kind beim Transport sachgerecht gelagert wird.

Jede Erste-Hilfe-Maßnahme muss dokumentiert werden. Die Dokumentation erfolgt durch Eintragung in das sogenannte **Verbandbuch** (vgl. Unfallverhütungsvorschrift § 24 GUV-V A1). Sofern ein Kind durch einen Unfall in der Kindertageseinrichtung so verletzt wird, dass ein Arzt aufgesucht werden muss, muss der gesetzlichen Unfallversicherung eine **Unfallanzeige** erstattet werden (vgl. § 193 SGB VII).

FAZIT

Im Fallbeispiel ist die Erzieherin verpflichtet, die erforderliche Erste Hilfe zu leisten.
Sie muss entscheiden, ob der kleine Ali ärztlich versorgt werden muss oder ob es ausreicht, wenn die Wunden durch Fachkräfte der Kita versorgt werden. Ob sie die Wunden desinfiziert oder nur auswäscht, ob ein Verband angelegt werden muss oder ein Pflaster reicht, muss sie nach ihrem im Erste-Hilfe-Kurs erlernten Wissen entscheiden. Es ist rechtlich erlaubt, auch ohne explizite Einwilligung der Sorgeberechtigten Wunden zu desinfizieren und mit einem Pflaster zu versorgen, soweit dies im Rahmen der Erste-Hilfe-Maßnahmen erforderlich ist. Vorab sollte man sich jedoch über mögliche **Allergien** informieren.

4. Läusealarm in der Kita – was tun?

FALLBEISPIEL

Immer wieder juckt es die vierjährige Lilian am Kopf. Erzieherin Frida erkennt an Lilians Scheitel kleine weiße ovale Schuppen, die an den Haaren kleben. Frida befürchtet, dass Lilian Läuse haben könnte.

Wie sollte sich Frida verhalten?

Wenn pädagogische Fachkräfte bei Kindern **zufällig** Läuse oder an den Haaren klebende Eihüllen von Läusen (Nissen) entdecken, müssen sie die Eltern des Kindes anrufen, damit diese das Kind unverzüglich von der Kita abholen und auf Läusebefall untersuchen. Bestätigt sich der Verdacht, darf das Kind die Kita erst dann wieder besuchen, nachdem es mit einem anerkannten Mittel gegen Läuse erfolgreich behandelt wurde (vgl. § 34 I Infektionsschutzgesetz).

Ob pädagogische Fachkräfte berechtigt sind, Kinder ohne Einwilligung der Personensorgeberechtigten auf Läuse zu untersuchen, ist derzeit noch strittig. Es ist deshalb empfehlenswert, sich von den Eltern unterschreiben zu lassen, dass ihre Kinder bei Verdacht auf Läuse in der Kita auf Läuse untersucht werden dürfen. Denn Eltern haben häufig nicht so viel Erfahrung mit dem Auftreten von Kopfläusen wie erfahrene Erzieherinnen und Erzieher, weshalb Läusebefall bei Kindern oft erst zu spät bemerkt wird. Sofern die Eltern nicht bereit sind, diese Einverständniserklärung zu unterschreiben, sollte der Träger darauf bestehen, dass die Eltern eine **ärztliche Unbedenklichkeitsbescheinigung** vorlegen.

Wenn in einer Kita Läuse auftreten, muss die Leitung die Eltern aller anderen Kinder anonym über den Kopflausbefall informieren und sich bestätigen lassen, dass die Eltern ihre Kinder zu Hause auf Läuse untersuchen. In einem Elternbrief kann dann auch die Erlaubnis der Eltern eingeholt werden, dass die Kinder auch in der Kita auf Läusebefall kontrolliert werden dürfen.

Des Weiteren ist die Leitung verpflichtet, das **Gesundheitsamt** in Kenntnis zu setzen, wenn Kopfläuse in der Kita auftreten (vgl. § 34 VI Infektionsschutzgesetz).

Sobald ein von Kopfläusen befallenes Kind mit einem anerkannten Mittel vorschriftsgemäß behandelt wurde, darf es die Einrichtung wieder besuchen. Bei wiederholtem Kopflausbefall kann ein **ärztliches Attest** über den Behandlungserfolg verlangt werden.

FAZIT

Erzieherin Frida sollte die Leitung der Kita über ihre Beobachtung informieren und Lilians Eltern anrufen, damit diese ihre Tochter abholen, sie auf Kopfläuse untersuchen und gegebenenfalls hiergegen behandeln. Anschließend sollte an alle Eltern ein Elternbrief verteilt werden, in dem diese über das Auftreten der Kopfläuse in der Kita informiert werden. Die Eltern sollten im Elternbrief auch darum gebeten werden, ihre Kinder auf Kopfläuse zu untersuchen.

Liebe Eltern,

in der Gruppe Ihres Kindes sind Kopfläuse festgestellt worden.

Kopflausbefall hat nichts mit mangelnder Hygiene oder Sauberkeit zu tun. Läuse kann jeder bekommen. Um eine Ausbreitung der Kopfläuse in unserer Kita zu unterbinden, bitten wir Sie dringend um Ihre Mithilfe. Bitte untersuchen Sie noch heute Ihr Kind, um festzustellen, ob es von Läusen befallen ist, und geben Sie diesen Elternbrief morgen unterschrieben in der Kita ab.

Kopfläuse sind nur schwer zu entdecken.

Überprüfen Sie die Haare Ihres Kindes an den Schläfen, am Nacken und hinter den Ohren auf Eihüllen der Läuse. Die Eihüllen sind ovale Verdickungen am Haar, ähnlich wie kleine Knospen, weiß bis gräulich und ca. 1 mm groß. Sie sind meist nahe der Kopfhaut an den Haaren festgeklebt oder hinter den Ohren zu finden.

Kämmen Sie das nasse Haar Ihres Kindes mit einem Läusekamm (erhältlich in der Apotheke) und reinigen Sie nach jeder Strähne den Kamm mit einem Taschentuch, um festzustellen, ob Sie eine Laus ausgekämmt haben. Kopfläuse sind ca. 3 mm groß, länglich und durchsichtig oder bräunlich.

Falls Sie bei Ihrem Kind Läuse oder Eihüllen entdecken, sind Sie gesetzlich verpflichtet, dies unverzüglich der Leitung der Kita mitzuteilen. Selbstverständlich gehen wir mit dieser Information vertraulich um. Ihr Kind darf die Kita

5

dann wieder besuchen, sobald es mit einem anerkannten Mittel gegen Läuse aus der Apotheke vorschriftsgemäß behandelt wurde.

....

Zutreffendes bitte ankreuzen:

( ) Ich habe den Kopf meines Kindes untersucht und keine Kopfläuse, Larven oder Eier gefunden.

( ) Ich habe den Kopf meines Kindes untersucht und Läuse, Larven oder Eier gefunden. Ich habe mein Kind mit einem Kopflausmittel gemäß der Packungsbeilage behandelt und die Haare mit einem Nissenkamm nass ausgekämmt. Ich versichere, dass ich nach 8 bis 10 Tagen die erforderliche zweite Behandlung durchführen werde, um den Kopflausbefall sicher zu beseitigen.

Ich bin damit einverstanden, dass pädagogische Fachkräfte der Kita mein Kind vorsorglich auf Kopflausbefall überprüfen dürfen.

Datum, Unterschrift der/des Erziehungsberechtigten

....

Vielen Dank für Ihre Mithilfe!

Ihr Kita-Team

5. Sie entdecken eine Zecke bei einem Kind – wie gehen Sie vor?

FALLBEISPIEL

Erzieher Samuel entdeckt bei einem Waldausflug eine Zecke am Bein des fünfjährigen Lars.

Darf Samuel die Zecke entfernen?

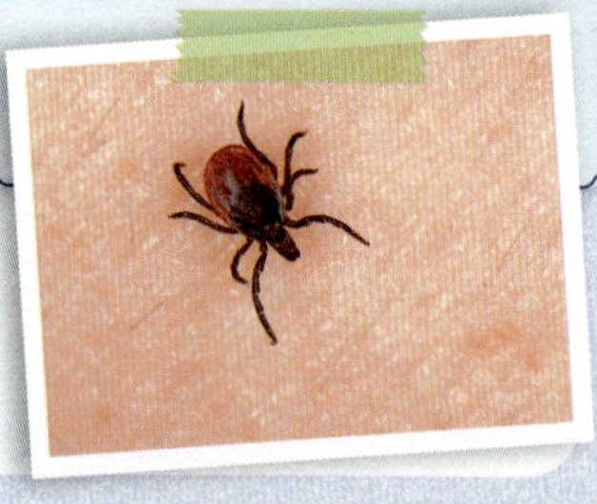

Ob pädagogische Fachkräfte Zecken entfernen dürfen oder nicht, ist derzeit noch umstritten. Teilweise wird argumentiert, dass pädagogische Fachkräfte verpflichtet sind, Zecken unverzüglich zu entfernen, weil dies eine erforderliche Erste-Hilfe-Maßnahme sei. Denn je später eine Zecke entfernt wird, desto größer ist die Wahrscheinlichkeit, dass die Zecke das Kind mit einer Krankheit (FSME oder Borreliose) infiziert. Gegen diese Argumentation wird eingewendet, dass es sich bei der Entfernung einer Zecke um einen medizinischen Eingriff handelt, der nicht mehr von der Ersten Hilfe umfasst wird und zu dem pädagogische Fachkräfte grundsätzlich nicht befugt sind.

Es ist deshalb zu empfehlen, Eltern bereits bei der Anmeldung ihrer Kinder in der Kita unterschreiben zu lassen, dass sie mit der Entfernung von Zecken in der Kita durch pädagogische Fachkräfte einverstanden sind.

Falls in der Kita vorab keine **Einverständniserklärung** der Eltern eingeholt worden ist, sollten Erzieherinnen und Erzieher, bevor sie eine Zecke entfernen, die Personensorgeberechtigten anrufen und nach ihrem Einverständnis fragen, um rechtlich auf der sicheren Seite zu sein.

Falls die Eltern zustimmen und ihr Kind nicht lieber zum Arzt bringen wollen, muss die Entfernung der Zecke fachgerecht vorgenommen werden. Es ist wichtig, dass die Zecke zügig mit einer Pinzette oder Zeckenkarte entfernt wird. Von einem Ersticken der Zecke, z. B. mit Klebstoff, ist abzuraten, da eine Zecke, wenn sie sich bedroht fühlt, besonders viel Speichel und damit Krankheitserreger abgibt.

Die Stelle, an der die Zecke entfernt wurde, sollte mit einem **wasserfesten Stift gekennzeichnet** werden, damit die Eltern wissen, wo der Zeckenbiss war und die Stelle die nächsten Wochen auf Anzeichen einer Borreliose (Wandelröte) untersuchen können. Da manche Eltern, um sicher zu gehen, die Zecke beim Gesundheitsamt auf Krankheitserreger untersuchen lassen wollen, kann die entfernte Zecke idealerweise in einer kleinen Plastiktüte eingefroren werden.

Der Vorfall sollte ins **Verbandbuch** eingetragen werden.

FAZIT

Samuel muss, sobald er die Zecke entdeckt, tätig werden. Es wäre unzulässig, einfach abzuwarten, denn die Zecke muss möglichst rasch entfernt werden, um Lars vor der Übertragung von Krankheitserregern zu schützen.
Falls von den Eltern keine Einverständniserklärung vorliegt, sollte Samuel die Eltern anrufen, und fragen, ob sie ihr Kind abholen wollen oder ob er stattdessen die Zecke entfernen soll.
Wenn die Eltern damit einverstanden sind, sollte Samuel die Zecke unverzüglich entfernen.

EIGENE NOTIZEN

6 Rechtsfolgen bei Verletzung der Aufsichtspflicht und Versicherungsschutz

Ist es notwendig, eine Berufshaftpflichtversicherung abzuschließen oder kann man sich das Geld dafür sparen? Auf welche Punkte sollte man im Kleingedruckten des Versicherungsvertrages besonders achten?

Sie finden in diesem Kapitel eine knappe Darstellung, welche rechtlichen Konsequenzen pädagogischen Fachkräften bei einer Aufsichtspflichtverletzung drohen und welche Versicherungen Sie vor Schadensersatzansprüchen infolge einer Aufsichtspflichtverletzung schützen.

1. Und wenn dann doch etwas passiert – welche Konsequenzen hat das für die pädagogische Fachkraft?

FALLBEISPIEL

Der sechsjährige David wird bei einer heftigen Rauferei auf dem Spielboden der Kita die Treppe heruntergeschubst. Erzieherin Daniela wird vorgeworfen, dass sie ihre Aufsichtspflicht verletzt habe, weil sie in den Streit nicht eingegriffen hat.

Welche Konsequenzen kann dieser Vorfall für Erzieherin Daniela haben?

Pädagogische Fachkräfte, die ihre Aufsichtspflicht schuldhaft verletzen, müssen mit arbeits- und strafrechtlichen Folgen rechnen und gegebenenfalls den durch die Aufsichtspflichtverletzung entstandenen Schaden ersetzen.

Arbeitsrechtliche Folgen einer Aufsichtspflichtverletzung

Es liegt im Ermessen des Trägers, ob er die pädagogische Fachkraft bei einer Aufsichtspflichtverletzung lediglich ermahnt oder ob er mit einer **Abmahnung** reagiert, die im Wiederholungsfall des pflichtwidrigen Verhaltens eine **Kündigung** nach sich ziehen kann. In besonders schwerwiegenden Fällen einer Aufsichtspflichtverletzung kann der Träger der pädagogischen Fachkraft auch fristlos ohne vorherige Abmahnung kündigen. Eine besonders schwerwiegende Aufsichtspflichtverletzung, die eine fristlose Kündigung rechtfertigt, ist in der Praxis die Ausnahme. Sie könnte beispielsweise dann angenommen werden, wenn Erzieherin Daniela im Fallbeispiel den Streit deshalb nicht mitbekommen hat, weil sie Musik mit Kopfhörern hörte. Eine fristlose Kündigung ist nur wirksam, wenn sie spätestens innerhalb von zwei Wochen, nachdem der Träger vom Vorfall Kenntnis erlangt hat, erfolgt (vgl. § 626 II BGB).

Schadensersatzpflicht

Wurde die Aufsichtspflicht schuldhaft verletzt und tritt infolgedessen ein Schaden ein, muss die/der Aufsichtspflichtige für den Schaden aufkommen (vgl. § 832 BGB). Wäre im Fallbeispiel bspw. Niklas' Brille beim Sturz kaputt gegangen, so müsste Erzieherin Daniela damit rechnen, gegebenenfalls neben dem Träger für die kaputte Brille aufkommen zu müssen. Schmerzensgeldansprüche der Kinder oder pädagogischer Fachkräfte sind bei Unfällen in der Kita grundsätzlich ausgeschlossen (vgl. §§ 104, 105 SGB VII). Nur bei einer vorsätzlichen Aufsichtspflichtverletzung kämen Schmerzensgeldansprüche in Betracht. Dies wird in der Praxis kaum vorkommen.

Sollte Erzieherin Daniela ihre Aufsichtspflicht grob fahrlässig verletzt haben, kann ihr jedoch drohen, dass die Unfallversicherung von ihr verlangt, für die Heilbehandlungskosten aufzukommen (vgl. § 110 SGB VII). Da diese Kosten sehr hoch sein können, sollten pädagogische Fachkräfte gegen diese Forderungen unbedingt durch eine Betriebshaftpflichtversicherung oder eine Berufshaftpflichtversicherung versichert sein (im Einzelnen s. 6.2, S. 81).

§ 832 Haftung des Aufsichtspflichtigen

(1) Wer kraft Gesetzes zur Führung der Aufsicht über eine Person verpflichtet ist, die wegen Minderjährigkeit oder wegen ihres geistigen oder körperlichen Zustands der Beaufsichtigung bedarf, ist zum Ersatz des Schadens verpflichtet, den diese Person einem Dritten widerrechtlich zufügt. Die Ersatzpflicht tritt nicht ein, wenn er seiner Aufsichtspflicht genügt oder wenn der Schaden auch bei gehöriger Aufsichtsführung entstanden sein würde.

(2) Die gleiche Verantwortlichkeit trifft denjenigen, welcher die Führung der Aufsicht durch Vertrag übernimmt.

Strafrechtliche Folgen einer Aufsichtspflichtverletzung

Wird ein Kind infolge der Aufsichtspflichtverletzung verletzt oder getötet, kann der Aufsichtspflichtige wegen fahrlässiger Körperverletzung (§ 229 StGB) oder fahrlässiger Tötung (§ 222 StGB) bestraft werden. Der pädagogischen Fachkraft droht dann ein Strafverfahren mit einer Verurteilung zu einer Geld- oder Freiheitsstrafe. In besonders schwerwiegenden Fällen der Aufsichtspflichtverletzung kann in Ausnahmefällen sogar ein Berufsverbot erteilt werden.

Die Verurteilung pädagogischer Fachkräfte im Strafverfahren ist in der Praxis jedoch sehr selten. Außerdem wird in den seltenen Fällen einer strafrechtlichen Verurteilung die Freiheitsstrafe meist auf Bewährung ausgesetzt.

§ 229 StGB Fahrlässige Körperverletzung

Wer durch Fahrlässigkeit die Körperverletzung einer anderen Person verursacht, wird mit Freiheitsstrafe bis zu drei Jahren oder mit Geldstrafe bestraft.

§ 222 StGB Fahrlässige Tötung

Wer durch Fahrlässigkeit den Tod eines Menschen verursacht, wird mit Freiheitsstrafe bis zu fünf Jahren oder mit Geldstrafe bestraft.

FAZIT

Wenn Erzieherin Daniela ihre Aufsichtspflicht verletzt hat, muss sie mit arbeitsrechtlichen und gegebenenfalls auch strafrechtlichen Konsequenzen rechnen. Sie sollte prüfen, inwieweit sie gegen mögliche Schadensersatzforderungen versichert ist (siehe Kapitel 6.2, S. 81 ff.). Mit Schmerzensgeldforderungen der Eltern muss Daniela nicht rechnen, weil sich der Unfall in der Kita ereignet hat und nicht vorsätzlich herbeigeführt wurde.

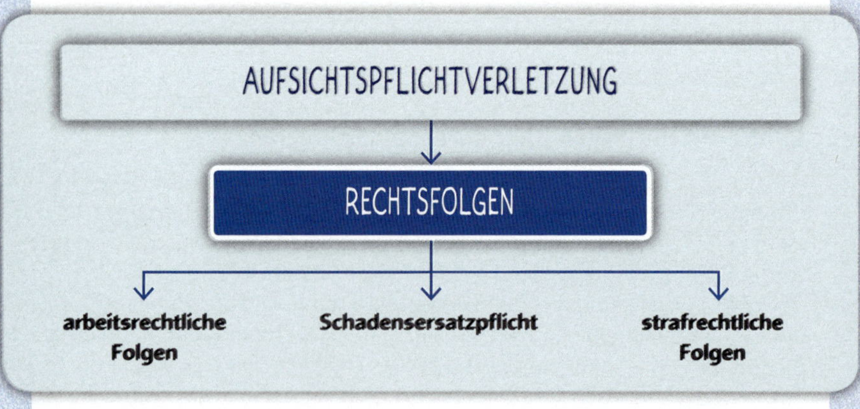

2. Welche Versicherungen schützen Erzieherinnen und Erzieher im Schadensfall?

FALLBEISPIEL

Die sechsjährige Jana wird bei einem Streit vom Spielboden der Kita heruntergeschubst. Sie erleidet einen Schädelbasisbruch. Außerdem werden Janas Brille und ihr Designerpullover beschädigt. Erzieher Daniel wird vorgeworfen, dass er seine Aufsichtspflicht verletzt habe.

Muss Erzieher Daniel befürchten, für die entstandenen Schäden aufkommen zu müssen? Oder werden die Kosten von einer Versicherung übernommen?

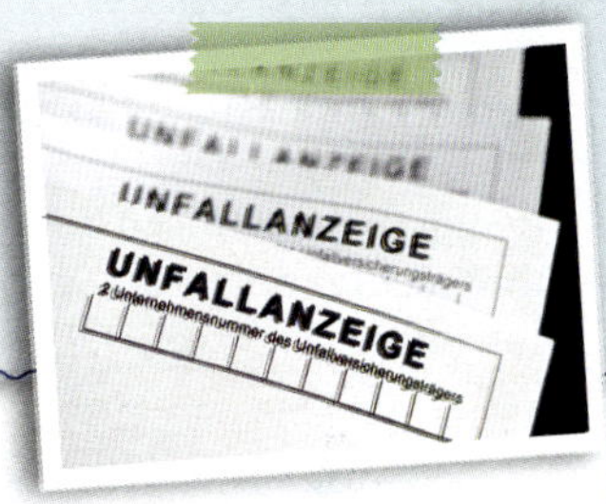

Versicherungen können pädagogische Fachkräfte nur vor Schadensersatzansprüchen schützen. Gegen straf- oder arbeitsrechtliche Folgen einer Aufsichtspflichtverletzung kann man sich jedoch nicht versichern.

Tritt infolge einer Aufsichtspflichtverletzung ein Schaden ein, kommt hierfür möglicherweise eine der folgenden drei Versicherungen auf:

* die gesetzliche Unfallversicherung,
* eine Betriebshaftpflichtversicherung des Trägers oder
* eine Berufshaftpflichtversicherung der pädagogischen Fachkraft.

Gesetzliche Unfallversicherung

Die gesetzliche Unfallversicherung kommt für alle unfallbedingten Körper- und Gesundheitsschäden auf, die ein Kind in einer Kita, während eines Ausfluges der Kita oder auf dem Weg von oder zu der Kita erleidet. Der Versicherungsschutz der Unfallversicherung besteht kraft Gesetzes für jede Kita (vgl. § 2 I Nr. 8a SGB VII).

Ersetzt werden die **Heilbehandlungskosten** und etwaige **Renten** oder **Rehabilitationskosten**. Sachschäden werden von der gesetzlichen Unfallversicherung grundsätzlich nicht ersetzt, es sei denn, es handelt sich um verordnetet Hilfsmittel, wie Brillen, Hörgeräte oder Prothesen.

Im Fallbeispiel kommt die gesetzliche Unfallversicherung deshalb für die Heilbehandlung, etwaige Reha-Kosten und für die Kosten einer neuen **Brille** auf, nicht aber für den kaputten Pullover.

Wenn die Verletzung des Kindes allerdings auf **grobe Fahrlässigkeit** des Trägers oder der pädagogischen Fachkraft zurückzuführen ist, kann die **Unfallversicherung** vom Schädiger **Regress** verlangen (§ 110 SGB VII). Das heißt, dass die Unfallversicherung zwar dem Geschädigten gegenüber den Schaden zunächst ersetzen wird, von der pädagogischen Fachkraft oder dem Träger dann aber bei grober Fahrlässigkeit dieses Geld zurückverlangen kann.

MERKSATZ

Grobe Fahrlässigkeit liegt nach der Rechtsprechung dann vor, wenn die im Verkehr erforderliche Sorgfalt nach den gesamten Umständen in ungewöhnlich hohem Maß verletzt worden ist. Es wurde unbeachtet gelassen, was im gegebenen Fall jedem hätte einleuchten müssen (vgl. BGH, Urteil vom 11. Juli 2007 – XII ZR 197/05).

Im Fallbeispiel müsste Erzieher Daniel nur dann damit rechnen, dass die Unfallversicherung ihm die Kosten für die Brille und die Heilbehandlungskosten in Rechnung stellt, wenn ihm grobe Fahrlässigkeit zur Last gelegt werden kann. Gegen diesen Regressanspruch der Unfallversicherung können pädagogische Fachkräfte jedoch durch die Betriebshaftpflichtversicherung des Trägers oder eine Berufshaftpflichtversicherung abgesichert sein.

Betriebshaftpflichtversicherung des Trägers

Der Träger einer Kita kann eine **Betriebshaftpflichtversicherung** abschließen, um sich und seine Beschäftigten gegen alle Schäden zu versichern, die von der gesetzlichen Unfallversicherung nicht gedeckt sind. Die Betriebshaftpflicht sollte deshalb abgeschlossen werden, um für Sachschäden und für etwaige Regressanprüche der Unfallversicherung bei grober Fahrlässigkeit versichert zu sein. Die Betriebshaftpflicht sollte auch Körper- und Gesundheitsschäden einrichtungsfremder Dritter übernehmen, weil die Unfallversicherung auch hierfür nicht aufkommt. Denn die Unfallversicherung übernimmt nur Körper- und Gesundheitsschäden der Kinder und Beschäftigte der Kita.

Um einen umfassenden Schutz der pädagogischen Fachkräfte sicherzustellen, sollte der Träger darauf achten, dass die abgeschlossene Betriebshaftpflichtversicherung in ihren Versicherungsbedingungen nicht einen Haftungsausschluss für **grob fahrlässiges Verhalten** und für **Schlüsselverlust** vorsieht. Denn es ist für pädagogische Fachkräfte von großer Bedeutung, gerade bei grob fahrlässigem Verhalten gegen die Regressansprüche der Unfallversicherung versichert zu sein. Der Verlust des Einrichtungsschlüssels sollte von der Betriebshaftpflichtversicherung mit abgedeckt werden, weil die Kosten für das Auswechseln einer Schließanlage sehr teuer sein können. Kosten in Höhe von 30000,00 € sind nicht ungewöhnlich.

Im Fallbeispiel würde eine Betriebshaftpflichtversicherung die Kosten für den beschädigten Designerpullover übernehmen. Sofern Erzieher Daniel grobe Fahrlässigkeit zur Last gelegt würde, würde die Betriebshaftpflichtversicherung auch für die Regressansprüche der Unfallversicherung aufkommen und die Heilbehandlungskosten bezahlen. Sieht die Betriebshaftpflichtversicherung des Trägers allerdings einen Haftungsausschluss für grob fahrlässiges Verhalten vor, würde sie pädagogische Fachkräfte nicht vor Regressansprüchen der Unfallversicherung schützen. Für diesen Fall wäre es sehr wichtig, dass Daniel eine **Berufshaftpflichtversicherung** abgeschlossen hat, die ihn vor Regressansprüchen der Unfallversicherung schützt.

Berufshaftpflichtversicherung der pädagogischen Fachkraft

Es ist pädagogischen Fachkräften freigestellt, eine Berufshaftpflichtversicherung abzuschließen, um sich gegen Schadensersatzansprüche und etwaige Regressansprüche der Unfallversicherung zu schützen. Einige Berufsverbände und Gewerkschaften bieten für Mitglieder besonders preiswerte Berufshaftpflichtversicherungen an. Gegebenenfalls kann sich auch die Kombination einer Berufshaftpflichtversicherung mit einer Privathaftpflichtversicherung lohnen. Auch hier ist darauf zu achten, dass die Versicherung keinen Haftungsausschluss für grobe Fahrlässigkeit vorsieht.

Wann pädagogische Fachkräfte eine Berufshaftpflichtversicherung abschließen sollten und was beim Abschluss einer Berufshaftpflichtversicherung im Einzelnen beachtet werden muss, soll bei Frage 3 und Frage 4 (S. 86–89) beantwortet werden.

Schadensmeldung

Sehr wichtig ist, den Schadensfall der jeweiligen Versicherung **unverzüglich** zu melden, um die Ansprüche gegen die Versicherung nicht zu verwirken.

FAZIT

Für die Kosten der Brille und die Heilbehandlungskosten kommt zunächst die gesetzliche **Unfallversicherung** auf. Kann die Unfallversicherung Erzieher Daniel nachweisen, dass er grob fahrlässig seine Aufsichtspflicht verletzt hat, kann sie von ihm verlangen, für die Heilbehandlungskosten und Reha-Kosten aufzukommen (Regressanspruch der Unfallversicherung, vgl. § 110 SGB VII). Gegebenenfalls kommt für diesen Regressanspruch der Unfallversicherung die **Betriebshaftpflichtversicherung** des Kita-Trägers auf. Falls dieser keine Betriebshaftpflichtversicherung abgeschlossen hat oder diese einen Haftungsausschluss für grob fahrlässiges Verhalten vorsieht, würde die **Berufshaftpflichtversicherung** für die Heilbehandlungskosten und die Kosten der Brille aufkommen, vorausgesetzt, Erzieher Daniel hätte eine Berufshaftpflichtversicherung abgeschlossen.

Für die Kosten der Kleidung kommt die Unfallversicherung nicht auf, weil die Unfallversicherung keine Sachschäden ersetzt. Sofern eine Betriebshaftpflichtversicherung oder eine Berufshaftpflichtversicherung abgeschlossen wurde, übernimmt diese die Kosten für beschädigte Gegenstände.

Wurde weder eine Betriebshaftpflichtversicherung noch eine Berufshaftpflichtversicherung abgeschlossen, muss Erzieher Daniel damit rechnen, persönlich für die Kosten der Brille, die Heilbehandlungskosten und für den beschädigten Designerpulli aufkommen zu müssen, wenn er seine Aufsichtspflicht grob fahrlässig verletzt hat.

➡ Vertiefungshinweis:
Schnurr: Sicher im Recht – Kompetent in der Praxis, S. 53–60.

VERSICHERUNGSSCHUTZ

GESETZLICHE UNFALLVERSICHERUNG § 2 I NR. 1, 8 SGB VII

Versichert sind alle Körperschäden, die ein Kind oder jemand, der in der Kita beschäftigt ist,

* während der Betreuung
* auf einem Ausflug oder
* auf dem Weg von und zu der Kita erleidet.

Leistungen: Heilbehandlungen, Reha, u. U. Rente etc.

Achtung: Regressanspruch gegen pädagogische Fachkräfte bei Vorsatz oder grober Fahrlässigkeit, § 110 SGB VII.

BETRIEBSHAFTPFLICHTVERSICHERUNG DES TRÄGERS

Versichert sollten alle Schäden sein, die von der gesetzlichen Unfallversicherung nicht gedeckt sind, z. B. Sachschäden, Körperschäden einrichtungsfremder Dritter, Rückgriffsansprüche des Unfallversicherungsträgers, z. B. bei grober Fahrlässigkeit.

BERUFSHAFTPFLICHTVERSICHERUNG DER PÄDAGOGISCHEN FACHKRÄFTE

Notwendig, wenn

* Träger keine Betriebshaftpflichtversicherung abgeschlossen hat oder
* die Betriebshaftpflichtversicherung des Trägers Haftungsausschlüsse vorsieht (z. B. grobe Fahrlässigkeit, Schlüsselverlust).

Achtung: Prüfen, ob Berufshaftpflichtversicherung Haftungsausschlüsse vorsieht (grobe Fahrlässigkeit, Schlüsselverlust).

3. In welchen Fällen ist es für pädagogische Fachkräfte empfehlenswert, eine Berufshaftpflichtversicherung abzuschließen?

FALLBEISPIEL

Mara ist Erzieherin in der Kita Villa Rumpelpumpel. Sie fragt sich, ob sie eine Berufshaftpflichtversicherung abschließen sollte oder ob sie sich das Geld hierfür sparen könne.

Was ist Erzieherin Mara zu empfehlen?

Pädagogische Fachkräfte sollten unbedingt dann eine Berufshaftpflichtversicherung abschließen, wenn der Träger der Kita keine Betriebshaftpflichtversicherung abgeschlossen hat oder wenn die Betriebshaftpflichtversicherung des Trägers einen Haftungsausschluss für grob fahrlässiges Verhalten vorsieht. Eine Berufshaftpflichtversicherung ist dann erforderlich, um zu vermeiden, dass man persönlich für Sachschäden oder Regressansprüche der Unfallversicherung haftet.

Auch dann, wenn die Betriebshaftpflichtversicherung des Trägers einen Haftungsausschluss für einen **Schlüsselverlust** vorsieht, sollten pädagogische Fachkräfte, die im Besitz eines Einrichtungsschlüssels sind, eine Berufshaftpflichtversicherung abschließen, die für einen Schlüsselverlust aufkommt (vgl. auch S. 87–88).

FAZIT

Erzieherin Mara könnte erfragen, ob der Träger der Kita Rumpelpumpel eine Betriebshaftpflichtversicherung abgeschlossen hat, die auch grobe Fahrlässigkeit und Schlüsselverlust mit abdeckt. Wäre dies der Fall, könnte sie sich das Geld für eine Berufshaftpflichtversicherung sparen. Da es aber nicht unbedingt einen guten Eindruck hinterlässt, wenn man bei seinem Arbeitgeber nachfragt, ob man auch gegen grobe Fahrlässigkeit versichert sei, und weil es in der Praxis auch oft nicht ganz leicht in Erfahrung zu bringen ist, ob und zu welchen Bedingungen der Träger eine Betriebshaftpflichtversicherung abgeschlossen hat, ist Erzieherin Mara gut beraten, sicherheitshalber selbst eine Berufshaftpflichtversicherung abzuschließen.

PÄDAGOGISCHE FACHKRÄFTE SOLLTEN EINE BERUFSHAFTPFLICHTVERSICHERUNG ABSCHLIEßEN, WENN

- der Träger keine Betriebshaftpflichtversicherung abgeschlossen hat.
- die Betriebshaftpflichtversicherung des Trägers einen Haftungsausschluss vorsieht für
  * grobe Fahrlässigkeit oder
  * Schlüsselverlust.

4. Worauf sollten Sie achten, wenn Sie eine private Berufshaftpflichtversicherung abschließen?

FALLBEISPIEL

Erzieher Samuel findet seinen Schlüsselbund mit den Kita-Schlüsseln nicht mehr. Der Austausch der Schließeinrichtung würde 30000,00 € kosten. Samuel fällt erleichtert ein, dass er eine Berufshaftpflichtversicherung abgeschlossen hat.

Muss Erzieher Samuel für den Schaden persönlich haften oder kommt eine Versicherung für den Schaden auf?

Die Kosten für den Austausch der Schließanlage werden von der Betriebshaftpflichtversicherung des Trägers ersetzt.

Hat der Träger keine Betriebshaftpflichtversicherung abgeschlossen oder sieht diese einen Haftungsausschluss für Schlüsselverlust vor, wäre zu prüfen, ob die pädagogische Fachkraft eine Berufshaftpflichtversicherung abgeschlossen hat, die den Schlüsselverlust versichert.

Es ist wichtig zu wissen, dass auch Berufshaftpflichtversicherungen oft im **Kleingedruckten** die Haftung für grobe Fahrlässigkeit oder Schlüsselverlust ausschließen, um für die damit verbundenen typischerweise sehr hohen Kosten nicht aufkommen zu müssen.

MERKSATZ

Achten Sie deshalb beim Abschluss eine Berufshaftpflicht unbedingt darauf, dass der Verlust des Einrichtungsschlüssels und grobe Fahrlässigkeit mitversichert sind.

Es kommt Ihnen vielleicht befremdlich vor, sich gegen **grobe Fahrlässigkeit** zu versichern. Da eine Abgrenzung zwischen Fahrlässigkeit und grober Fahrlässigkeit sehr schwierig ist und eine grob fahrlässige Aufsichtspflichtverletzung hohe Schadensersatzforderungen nach sich ziehen kann, sollten Sie darauf achten, dass Sie auch gegen grob fahrlässiges Verhalten versichert sind.

DEFINITION: FAHRLÄSSIGKEIT:

Fahrlässig handelt, wer die im Verkehr erforderliche Sorgfalt außer Acht lässt (vgl. § 276 II BGB).

DEFINITION: GROBE FAHRLÄSSIGKEIT:

Grobe Fahrlässigkeit liegt vor, wenn die erforderliche Sorgfalt in besonders schwerem Maße verletzt wird und das nicht beachtet wird, was jedem einleuchten musste (vgl. BGH 10, 16, NJW 07, 2988).

Sofern Sie im Besitz eines **Einrichtungsschlüssels** sind, sollte die Berufshaftpflichtversicherung den Dienstschlüssel wenigstens bis zu einem Wert von 30000,00 € versichern.

Achten Sie beim Abschluss einer Berufshaftpflichtversicherung auch darauf, dass von der Berufshaftpflichtversicherung auch die **Anwalts- und Gerichtskosten** übernommen werden, die nötig sind, um Ansprüche der Unfallversicherung oder des Trägers abzuwehren.

Haben Sie eine Berufshaftpflichtversicherung abgeschlossen, sollten Sie im Schadensfall unbedingt daran denken, Ihrer Versicherung den Vorfall, der zu einem Versicherungsfall führen könnte, unverzüglich zu melden. Eine verspätete Unfallanzeige kann zur Folge haben, dass die Ansprüche gegen die Versicherung verwirkt werden.

FAZIT

Samuel sollte prüfen, ob seine Berufshaftpflichtversicherung auch für den Verlust des Einrichtungsschlüssels aufkommt. Sieht seine Berufshaftpflichtversicherung einen Haftungsausschluss für

Schlüsselverlust vor, sollte Samuel klären, ob der Schlüsselverlust von der Betriebshaftpflicht des Trägers gedeckt ist.
Samuel sollte seiner Berufshaftpflichtversicherung und gegebenenfalls der Betriebshaftpflichtversicherung des Trägers diesen Schadensfall unverzüglich melden, um etwaige Ansprüche gegen die Versicherung nicht zu verwirken.

Mindestanforderungen an eine private Berufshaftpflichtversicherung:

* Haftung bei fahrlässiger und **grob fahrlässiger** Aufsichtspflichtverletzung,
* Haftung beim Verlust von **Dienstschlüsseln**,
* Übernahme der **Gerichts- und Anwaltskosten**, die nötig sind, um Ansprüche des Trägers bzw. der Unfallkasse abzuwehren.

→ **Achtung:**
Schäden müssen der Versicherung **unverzüglich** gemeldet werden, damit Ansprüche gegen die Versicherung nicht verwirkt werden.

5. Ein Kind fügt in der Kita Dritten Schäden zu – wer kommt für den Schaden auf?

FALLBEISPIEL

Leon und Lisa werfen vom Außengelände der Kita Bullerbü Kieselsteine auf das Auto von Dominiks Vater, der vor der Kita parkt.

Von wem kann Dominiks Vater Ersatz für den entstandenen Lackschaden verlangen?

Wenn Kinder in der Kita Dritten Schäden zufügen, stellt sich die Frage, wer für den entstandenen Schaden aufkommen muss.

Kinder, die jünger als sieben Jahre alt sind, haften selbst nicht für Schäden, die sie angerichtet haben (vgl. § 828 I BGB). Im Einzelfall kann es jedoch ausnahmsweise zu einer sogenannten **Billigkeitshaftung** nach § 829 BGB kommen.

§ 828 BGB Minderjährige

(1) Wer nicht das siebente Lebensjahr vollendet hat, ist für einen Schaden, den er einem anderen zufügt, nicht verantwortlich.

➡ **Vertiefungshinweis:**
Schnurr: Sicher im Recht – Kompetent in der Praxis, S. 77–81.

Eltern haften nur dann für den Schaden, den ihre Kinder angerichtet haben, wenn sie ihre Aufsichtspflicht verletzt haben (vgl. § 832 BGB). Während die Kinder die Kita besuchen, liegt die Aufsichtspflicht nicht bei den Eltern, weil diese die Aufsichtspflicht durch den Betreuungsvertrag für die Betreuungszeit auf die Kita übertragen haben. Wenn Kinder während der regulären Betreuungszeiten in der Kita einen Schaden anrichten, kommt deshalb keine Aufsichtspflichtverletzung der Eltern und somit auch keine Schadensersatzpflicht der Eltern in Betracht. Der häufig zitierte Satz „Eltern haften für ihre Kinder“ ist juristisch so nicht richtig.

Eine Schadensersatzpflicht der pädagogischen Fachkräfte und des Trägers kommt ebenfalls nur in Betracht, wenn ihnen eine **Aufsichtspflichtverletzung** vorgeworfen werden kann und der Schaden bei ordnungsgemäßer Aufsichtsführung nicht entstanden wäre. Ob eine Aufsichtspflichtverletzung vorliegt, bestimmt sich nach den allgemeinen Kriterien (vgl. Kapitel 3).

In einem ähnlich gelagerten Fall hat das Oberlandesgericht Frankfurt entschieden, dass keine Aufsichtspflichtverletzung vorliegt, wenn normal entwickelte Fünf- bis Sechsjährige auf dem Außengelände nicht permanent überwacht werden und dann in einem unbeobachteten Moment mit Steinen auf Autos werfen. Anders wäre der Fall allerdings zu beurteilen, wenn es in der Vergangenheit schon ähnliche Vorfälle mit Steinwürfen gegeben hätte (vgl. Oberlandesgericht Frankfurt am Main, Urt. v. 13.01.2014, Az. 1 U 76/13).

FAZIT

Dominiks Vater kann für die Lackschäden an seinem Auto keinen Schadensersatz verlangen, sofern den Erzieherinnen und Erziehern keine Aufsichtspflichtverletzung vorgeworfen werden kann.

➡ **Vertiefungshinweis:**
Schnurr: Sicher im Recht – Kompetent in der Praxis: S. 54, 77–81.

HAFTUNG FÜR SCHÄDEN, DIE KINDER IN KITA DRITTEN ZUFÜGEN

Kinder	**Sorgeberechtigte (Eltern)**	**Kita**
unter 7 Jahren haften nicht für Schäden, die sie angerichtet haben, vgl. § 828 I BGB Ausnahme: § 829 BGB.	haften nur, wenn sie ihre Aufsichtspflicht verletzt haben, vgl. § 832 BGB.	haftet nur, wenn * die Kita die Aufsichtspflicht übernommen hat und * die Aufsichtspflicht verletzt wurde, vgl. § 832 BGB.

Barth, Judith: Keine Angst vor der Aufsichtspflicht, Bonn, Verlag PRO Kita, 2010.

LVR-Landesjugendamt Rheinland: Aufsichtspflicht, Grundlagen, Inhalte, Versicherungsschutz für Tageseinrichtungen für Kinder, 2022, S. 22.

Palandt, Otto (Begr.): Bürgerliches Gesetzbuch, Kurzkommentar, 76. Auflage, München, C. H. Beck, 2017.

Schnurr, Heike: Sicher im Recht – Kompetent in der Praxis, Braunschweig, Westermann, 2021.

Fachzeitschriften/Aufsätze

Schnurr, Heike: Rechtsicherheit bei Kita-Festen, in: kindergarten heute 2/2017, hrsg. vom Herder Verlag, Freiburg, S. 31 ff.

Schnurr, Heike: Waldtage rechtssicher planen, in: kindergarten heute 4/2017, hrsg. vom Herder Verlag, Freiburg, S. 24 ff.

Schnurr, Heike: Umgang mit chronisch kranken Kindern und Medikamentengabe, in kindergarten heute 10/2017, hrsg. vom Herder Verlag, Freiburg, S. 38–40.

Tardos, Anna: Autonomie und/oder Abhängigkeit, in: Mit Kindern wachsen, Juli 2000, hrsg. vom Arbor Verlag, S. 7 ff. Abgerufen unter: https://pikler-hengstenberg.at/wp-content/uploads/2014/09/Autonomie.TARDOSpdf.pdf [20.10.2022].

Zitierte Rechtsprechung

BGH, Urteil vom 18.03.1997, Az.: VI ZR 91/96, in: NJW 1997, 2047–2048.

BGH, Urteil vom 19.01.1993, Az.: VI ZR 117/92, in: NJW 1993, S. 1003.

BGH, Urteil vom 29.05.1990, Az.: VI ZR 205/89.

BGH, Urteil vom 29.05.1990, Az.: VI ZR 205/89 in: NJW 1990, S. 2553.

BGH, Urteil vom 07.07.1987, Az.: VI ZR 176/86, in: FamRZ 1987, S. 1128; NJW-RR 1987, 1430.

BGH, Urteil vom 10. Juli 1984, Az.: VI ZR 273/82, in: NJW 1984, 2574.

BGH, Urteil vom 06.04.1976, Az.: VI ZR 93/75, in: NJW 1976, 1684.

BGH, Urteil vom 02.07.1968, Az.: VI ZR 135/6, in: NJW 1968, 1874.

BGH, Urteil vom 17. Mai 1983, Az.: VI ZR 263/81.

OLG Düsseldorf, Urteil vom 05.06.1996, Az.: 5 Ss 160/96–49/96, in: FamRZ, 1996, S. 803.

OLG Düsseldorf, Urteil vom 12.10.1995, Az.: 18U 225/94.

Oberlandesgericht Frankfurt am Main, Urteil vom 13.01.2014, Az.: 1 U 76/13.

OLG Hamburg, Urteil vom 09.07.1965, Az.: U 38/65.

OLG Köln, Urteil vom 27.05.1999, Az.: 7U14/98.

LG Bad Kreuznach, Urteil vom 31.05.2012, Az.: 1024 Js 6294/10 Ns.

Verwaltungsgericht Gießen, Urteil vom 11.06.2008, Az.: 8 E 1490/07.

Gesetze

Die zitierten Gesetze finden Sie im Internet unter www.gesetze-im-internet.de (hrsg. vom Bundesministerium der Justiz und für Verbraucherschutz, Berlin).

SACHWORTVERZEICHNIS

W

Z

BILDQUELLENVERZEICHNIS

Fischer, Andreas, Köln: Titel, Titel, Titel, Titel, Titel, Titel.
fotolia.com, New York: 79.1, 80.1, 80.2, 90.1.
Getty Images, München: wildpixel 73.1.
iStockphoto.com, Calgary: naumoid Titel.
Kurtz, Cornelia, Boppard: 22.1, 24.1, 25.1, 25.2, 27.1, 36.1, 40.1, 41.1, 42.1, 43.1, 89.1; Olesia Bilkei 11.1.
Schnurr, Heike, Lahnstein: Heike Schnurr 4.3.
Shutterstock.com, New York: sumire8 Titel.
stock.adobe.com, Dublin: 12.1, 31.1, 44.1; Africa Studio 46.1; akf 55.2, 70.1; armada1985 16.1; ArtFamily 52.1; AVTG 57.1; Bernd Libbach 60.1; Carola Vahldiek 56.1; contrastwerkstatt) 49.1; Dan Race 78.2; detailfoto 53.1; drubig-photo 14.1; Erwin Wodicka 28.1; famveldman 19.1, 35.1, 55.1; fotoliaxrender 73.2; FS-Stock 58.1; Good Moments Photo / Alexey Ivanov 30.1; Hallgerd 45.2; Hans-Jörg Nisch 18.1, 33.1, 34.1, 76.1; Herby (Herbert) Me 71.1; johnmerlin 47.1; Jörg Lantelme 78.1; JüNick 50.1; Klaus Eppele 83.1; klesign 60.2; Marén Wisch-newski 10.1; mikedee 20.1; mirkograul 74.1; nmann77 81.1; oksix 40.2; Patrick Daxenbichler 65.1; Petra Reischl-Zehent 3.1, 3.3, 4.1, 5.1, 5.3, 6.1, 7.1; PRCreati-veTeam 66.1; RioPatuca Images 19.2; schmaelterphoto 17.1; Stillkost 87.1; StudioLaMagica 86.1; SunnyS 57.2; Svetlana Fedoseeva 45.1; tashatuvango 67.1; vege 77.1; wawritto 62.1, 63.2, 64.1.
Visuelle Lebensfreude – Bodem + Sötebier GbR, Hannover: Titel.